COMPLÉMENT AU MANUEL

DE

PATHOLOGIE

ET DE

CLINIQUE MÉDICALES

PAR

LE Dr L. MOYNAC

(DE BAYONNE)

Ancien interne des hôpitaux de Paris
Ancien professeur libre de pathologie et de clinique

Prix : 1 fr. 50

PARIS

G. STEINHEIL, ÉDITEUR

SUCCESSEUR DE H. LAUVEREYNS

2, RUE CASIMIR-DELAVIGNE, 2

1885

COMPLÉMENT AU MANUEL

DE

PATHOLOGIE

ET DE

CLINIQUE MÉDICALES

HAVRE. — IMPRIMERIE DU COMMERCE, 3, RUE DE LA BOURSE.

COMPLÉMENT AU MANUEL

DE

PATHOLOGIE

ET DE

CLINIQUE MÉDICALES

PAR

LE Dr L. MOYNAC

(DE BAYONNE)

Ancien interne des hôpitaux de Paris
Ancien professeur libre de pathologie et de clinique

PARIS

G. STEINHEIL, ÉDITEUR

SUCCESSEUR DE H. LAUVEREYNS

2, RUE CASIMIR-DELAVIGNE, 2

1885

PRÉFACE

Quelques parties de la Pathologie médicale ont dans ces derniers temps fait de rapides progrès ; la pathologie de la moelle, celle du cerveau en partie, quelques névroses, les maladies du foie, des reins en certains points ne répondent plus à la description élémentaire que nous en avions donnée.

Le moment de substituer une nouvelle édition à l'édition présente n'est pas encore arrivé, mais il nous a paru qu'il serait utile pour maintenir ce Manuel au rang qu'il occupe dans la Bibliothèque des Etudiants, pour lui permettre de rendre aux commençants tous les services qu'ils en attendent, de présenter en un Supplément à la 3e édition un résumé succinct de l'état actuel de la science sur tous les points nouveaux.

Ce supplément complétera et rectifiera notre dernière édition.

Voici le plan que nous avons suivi.

Nous avons repris les chapitres un à un, indiquant ce qu'il nous paraissait nécessaire de changer ou d'ajouter à chacun d'eux, et nous avons fait suivre cet énoncé sommaire de la description nouvelle. Ainsi le lecteur pourra en consultant le Supplément connaître ce qu'il doit garder de notre Manuel et ce qu'il doit apprendre à nouveau.

LIVRE PREMIER

MALADIES
DE L'APPAREIL CIRCULATOIRE

ARTICLE PREMIER

MALADIES DU PÉRICARDE

Nous n'avons ici rien à signaler : les descriptions de la *péricardite*, des *adhérences du péricarde*, et de l'*hydro-péricarde* données dans la dernière édition de notre Manuel, nous paraissent encore aujourd'hui répondre à l'esprit de ce livre, et n'exiger aucune modification importante.

ARTICLE II

MALADIES DE L'ENDOCARDE

ARTICLE III

MALADIES DU MUSCLE CARDIAQUE

Nous n'aurions à introduire dans les descriptions contenues dans ces deux articles (Endocardites ; lésions valvulaires ; traitement des maladies du cœur ; cyanose ;

myocardite ; hypertrophie et dilatation du cœur ; asystolie ; atrophie du cœur ; dégénérescence graisseuse ; rupture du cœur) que quelques changements de détail, sans importance majeure pour un commençant, et qui figureront seulement dans la prochaine édition. Le lecteur peut donc se reporter sans crainte à l'édition actuelle pour l'étude élémentaire de ces maladies.

ARTICLE IV

NÉVROSES DU CŒUR

Cet article comprend dans notre Manuel : les palpitations nerveuses, l'angine de poitrine, le goître exophthalmique.

L'étiologie et la pathogénie de l'angine de poitrine nous fourniront matière à quelques réflexions dans la prochaine édition, mais le fond de l'article (symptomatologie, etc.) reste intact.

Le goître exophthalmique n'est certainement pas à sa place dans les névroses du cœur ; et il n'est pas exact de dire avec le texte de notre édition actuelle que *la maladie consiste dans une altération congestive ou organique de la portion cervicale du grand sympathique*, etc.

Le goître exophthalmique, il est vrai, est une névrose encore à l'heure actuelle, une *névrose vaso-motrice :* mais vouloir préciser davantage serait téméraire. Cette réserve faite nous laissons sa description, en l'état, et elle nous paraît ainsi suffisante.

De l'article V (Maladies de l'aorte), nous ne dirons rien ici.

LIVRE II

MALADIES DE L'APPAREIL RESPIRATOIRE

ARTICLE PREMIER

CORYZA

ARTICLE II

LARYNGITES

LARYNGITE AIGUE OU CATARRHALE. — LARYNGITE STRIDULEUSE. — FAUX CROUP.

Ces articles ne présentent rien qui nous semble exiger de modification urgente.

LARYNGITES CHRONIQUES (GLANDULEUSE, ULCÉREUSE. PHTHISIE LARYNGÉE).

Notre troisième édition présente la description en bloc des laryngites chroniques dont les symptômes communs sont il est vrai des plus nombreux ; il nous a paru qu'il était préférable de donner une description des diverses formes principales de laryngite chronique, d'autant plus que nous tenions à mettre spécialement en lumière la *laryngite tuberculeuse* trop effacée dans la description générale et à laquelle des travaux d'anatomie pathologique récents ont apporté quelques modifications sérieuses.

LARYNGITES CHRONIQUES

Nous étudierons trois formes de laryngite chronique :

1° La *laryngite glanduleuse ;*

2° La *laryngite tuberculeuse* ou *phthisie laryngée ;*

3° La *laryngite syphilitique.*

Il va de soi qu'une laryngite catarrhale aiguë peut passer à l'état chronique.

LARYNGITE GLANDULEUSE

Elle accompagne le plus souvent l'angine glanduleuse, dont elle peut cependant s'isoler parfois.

Elle est *primitive,* et ses causes sont celles de l'angine glanduleuse (voy. l'étiologie de l'angine glanduleuse).

Son siège anatomique est dans les *glandes en grappe de la muqueuse laryngée.* Celles-ci chroniquement enflammées et hypertrophiées forment une série de reliefs granuleux bleuâtres ou opalins lorsqu'elles renferment du pus. L'altération porte surtout sur les glandes aryténoïdiennes ; les vaisseaux dilatés, variqueux, se dessinent sous forme de lignes serpentines parfois disposées en couronne autour des glandes hypertrophiées. Il n'est pas rare de constater même dans cette forme l'existence d'érosions ou de petites ulcérations arrondies dues à la destruction de quelques-unes des glandes malades.

Les *symptômes* sont simples : *voix rauque, éraillée, hem ! caractéristique.*

On **traite** la laryngite glanduleuse d'abord en écartant toutes les causes productrices. Localement on se trouve bien des inhalations sulfureuses et des attouchements avec une solution de nitrate d'argent au dixième.

LARYNGITE TUBERCULEUSE. PHTHISIE LARYNGÉE

Les tuberculeux sont sujets à des laryngites banales, mais ils peuvent présenter une laryngite toute spéciale tenant à l'évolution des produits tuberculeux sur la muqueuse du larynx.

Anatomie pathologique. — La *granulation grise* se rencontre au larynx, mais elle y est plus rare que le *foyer miliaire caséeux*. Ces deux produits aboutissent à un même terme, l'*ulcération*. Le siège préféré de ces produits tuberculeux est la *muqueuse interaryténoïdienne*, l'*épiglotte*, les *replis* et les *cordes vocales*.

Tantôt l'ulcération reste *superficielle*, plus ou moins large, tantôt elle *gagne en profondeur*, désorganisant le larynx. L'*épiglotte* est morcelée, déformée ; les *cordes vocales* ulcérées baignent dans le pus ; les *muscles* sont dissociés. Le *périchondre* s'enflamme, et les *cartilages* dénudés se *nécrosent et s'éliminent* produisant des *trajets fistuleux complexes* et l'*œdème de la glotte*.

Symptômes. — *Tantôt la tuberculose laryngée précède la tuberculose pulmonaire*, et cela parfois d'un temps fort long ; *tantôt*, et le plus souvent, *elle se déclare pendant que celle-ci évolue* ; *tantôt* enfin *elle apparaît à la période ultime* qu'elle contribue à hâter.

Les symptômes fonctionnels sont :

Voix. — La voix est *enrouée* d'abord par intervalles puis elle se couvre d'une façon permanente et finit par s'éteindre.

Toux. — Trousseau lui a assigné un caractère spécial : *la toux éructante*.

Douleur. — Au repos elle n'est pas très vive ; mais le

fonctionnement de l'organe et surtout les mouvements pendant la déglutition l'exagèrent.

Respiration. — Elle est parfois indemne jusqu'à la fin, mais souvent aussi presente les modifications dues à *un œdème glottique* qui amène lentement le malade à la suffocation. Parfois l'œdème de la glotte éclate brusquement.

Symptômes physiques. — Le *laryngoscope* permet de constater les lésions anatomiques que nous avons décrites plus haut.

Diagnostic. — Il est assez facile de diagnostiquer la laryngite tuberculeuse survenant dans le cours de la tuberculose pulmonaire ; la laryngite tuberculeuse initiale présente au contraire de grosses difficultés.

LARYNGITE SYPHILITIQUE

La syphilis peut déterminer des laryngites à toutes ses périodes. Ce sont d'abord des plaques d'un rouge foncé formant un léger relief ; l'accumulation de débris épithéliaux à leur surface peut leur donner la teinte grisâtre de plaques muqueuses de la gorge. Plus tard ce sont des ulcérations à bord taillés à pic : elles siègent surtout sur l'épiglotte et la partie antéro-supérieure du larynx, mais respectent les cordes vocales inférieures : elles sont entourées d'une auréole rouge et çà et là autour d'elles on trouve des végétations, des condylômes, les ulcérations tiennent souvent à des gommes ramollies.

Les symptômes fonctionnels ne diffèrent pas de ceux de la laryngite tuberculeuse.

Pour établir le diagnostic entre les deux variétés de laryngite chronique on se guidera d'une part sur l'état du poumon, où les antécédents syphilitiques de l'individu atteint de laryngite et d'autre part sur l'examen laryngoscopique qui montrera dans l'état des parties des différences portant sur le siège et la forme des ulcérations (*celles-ci sont taillées à pic et végétantes dans la laryngite syphilitique, déchiquetées dans la tuberculose.*

ARTICLE III

MALADIES DES BRONCHES

Dans la troisième édition de notre Manuel il n'est point fait mention d'une lésion fort importante à connaître ; l'adénopathie trachéo-bronchique : nous donnerons donc sa description ici entre les maladies du larynx et celles des bronches.

Nous introduirons également dans ce chapitre une description nouvelle : celle de la bronchio-pneumonie. Cette maladie d'une importance capitale en pathologie infantile a fait depuis quelque temps l'objet de travaux importants dus surtout à MM. Charcot, Balzer, Cadet de Gassicourt. Ces travaux nous permettent d'offrir ici une description élémentaire qui remplacera les notions que donnait notre Manuel dans ce chapitre sous les termes de bronchite capillaire, état fœtal, pneumonie catarrhale.

ADÉNOPATHIE TRACHÉO-BRONCHIQUE

Anatomie normale des ganglions trachéo-bronchiques. — Baréty les divise en trois groupes :

1° Ganglions péritrachéo-bronchiques occupant la face antéro-supérieure de l'angle que forment extérieurement la trachée et la bronche principale droite et gauche. Ces ganglions entrent en rapport avec la veine cave supérieure, l'artère pulmonaire, les nerfs pneumogastriques et récurrents.

2° Ganglions intertrachéo-bronchiques ou sous bronchiques droits et gauches couchés le long de la face inférieure des bronches mères, en rapport avec les pneumogastriques, le plexus pulmonaire, l'œsophage et l'aorte.

3° Ganglions interbronchiques, occupant l'angle de division des bronches et en rapport avec les branches de l'artère pulmonaire.

Anatomie pathologique. — Les altérations que présentent ces ganglions sont : la *congestion* et l'*inflammation*, la *dégénérescence tuberculeuse*, la *dégénérescence cancéreuse*, l'*adénie*, la *dégénérescence mélanique*.

La *congestion* peut atteindre des ganglions jusque-là exempts de toute altération : elle est dite *simple ;* elle peut porter sur des ganglions déjà altérés, tuberculeux par exemple.

Il en est de même de l'*inflammation* qui peut d'ailleurs être *aiguë* ou *chronique*. L'inflammation chronique simple détermine l'hypertrophie et l'adhérence réciproque des ganglions qui forment ainsi des *masses dures, bosselées, de grosseur variable*.

La *tuberculose* produit dans les ganglions les altérations suivantes : à un premier degré la matière tuberculeuse est *infiltrée* dans tout le ganglion ou bien se montre sous forme *de granulations grises ou miliaires*. Plus tard le ganglion se caséifie en masse, ou par places. A la période terminale le ganglion tuberculeux *se ramollit, se fond* et *s'ouvre dans une cavité voisine*, ou bien il guérit subissant la *transformation crétacée*.

La dégénérescence cancéreuse est rare ; la dégénérescence mélanique accompagne l'anthracosis pulmonaire (v. Pneumonie chronique) ; l'adénie fait partie de la lésion générale du système ganglionnaire.

Le point le plus intéressant de l'histoire de l'adénopathie

bronchique est l'action exercée par les ganglions altérés, augmentés de volume, ou formant des kystes purulents (ramollissement tuberculeux) sur les organes voisins.

Les ganglions bronchiques malades, 1° *compriment;* 2° *adhérent* et parfois *perforent* les organes voisins.

1° La *trachée*, les *bronches* sont déprimées et partiellement aplaties ; la *paroi thoracique antérieure et supérieure* est soulevée et forme voussure ; la veine cave supérieure, la veine azygos, les branches de bifurcation de l'artère pulmonaire, les veines pulmonaires, l'aorte, l'œsophage et les nerfs du médiastin sont comprimés.

2° *Les ganglions bronchiques adhérent* à la trachée, à la plèvre, à la veine cave supérieure, à l'œsophage, aux nerfs pneumogastriques et récurrents qu'ils irritent et qu'ils enflamment. Les ganglions ramollis *ulcèrant peu à peu* les parois des organes avec lesquelles ils se sont unis *peuvent se vider* dans la trachée, les bronches, la plèvre, plus rarement dans les vaisseaux (artère pulmonaire) et l'œsophage. Enfin le contenu des ganglions peut s'épancher dans le tissu cellulaire du médiastin.

Etiologie. — Quoique rencontrée chez les adultes, c'est surtout dans *l'enfance* que se montre l'adénopathie bronchique.

Toutes les inflammations récentes, anciennes ou *répétées des voies respiratoires* retentissent chez l'enfant sur les ganglions bronchiques qu'elles congestionnent et hypertrophient : telles sont la *broncho-pneumonie rubéolique*, la *coqueluche*, la *grippe*.

La dégénérescence tuberculeuse des ganglions bronchiques peut être *secondaire* à la tuberculose pulmonaire ; elle peut être primitive et évoluer isolément quelque temps.

La *rougeole*, la *coqueluche*, la *grippe* éveillent

la tuberculose ganglionnaire d'une façon toute spéciale.

La *dégénérescence cancéreuse* est consécutive au cancer du poumon ou d'un autre point.

L'*anthracosis* a son point de départ dans l'anthracosis pulmonaire.

L'*adénie* a la même étiologie que l'hypertrophie concomitante des ganglions des autres régions.

Symptômes. — Le tableau que nous allons tracer se rapporte surtout à la tuberculose primitive des ganglions bronchiques, c'est elle qui est la plus fréquente, c'est elle qui a été le mieux étudiée. Le tableau du reste pourrait s'appliquer à toutes les autres variétés.

Examen de la poitrine. — L'examen (vue, palpation, percussion, auscultation), doit porter sur deux régions spéciales : *en arrière : la région intercapulaire ; en avant : la région sternale supérieure.*

Vue. — Lorsque les ganglions forment une masse volumineuse ils soulèvent la paroi antérieure thoracique dans la région sternale, ou sterno-claviculaire.

Palpation. — Les vibrations thoraciques sont exagérées.

Percussion. — Elévation de la tonalité, matité variable, résistance au doigt.

Auscultation. — Souffle bronchique expiratoire à timbre variable (suivant le plus ou moins de volume du paquet ganglionnaire bronchique). C'est tantôt un souffle tubaire, tantôt un souffle tubo-caverneux, tantôt un souffle amphorique. Il y a retentissement exagéré de la voix et de la toux. De plus il y a dans le reste du poumon en dehors de ces sièges d'élection diminution du murmure vésiculaire et apparition de gros ronchus bruyants.

Respiration. — La respiration est gênée, d'abord d'une façon légère et passagère, puis plus tard d'une façon continue et *paroxystique* qui peut aller jusqu'à l'*orthopnée*.

Dans les grandes inspirations ou après les quintes de toux et les crises dyspnéiques la respiration devient sifflante (cornage broncho-trachéal) et s'entend à distance.

On constate également du tirage sus-sternal et épigastrique.

Voix. — La voix devient rauque, aphone.

Toux. — La toux est rauque, quinteuse et *coqueluchoïde.*

Compression de la veine cave supérieure. — Elle donne lieu à l'œdème de la face, du cou, des membres thoraciques. Les veines du cou et du thorax sont dilatées; la face turgescente et violacée.

La *compression des veines pulmonaires* produit l'œdème du poumon, celle de l'œsophage la dysphagie.

On observe encore la petitesse et la lenteur du pouls, des modifications pupillaires (myosis ou mydriase), des épistaxis, des hémoptysies.

Marche et terminaisons. — Rarement l'adénopathie trachéo-bronchique s'accompagne de ces symptômes extrêmes de compression que nous venons d'énumérer, elle se borne le plus souvent à produire dans les lieux d'élections quelques modifications de la sonorité thoracique et de la respiration. Il en est toujours ainsi du moins pour l'adénopathie simple qui guérit; mais lorsqu'elle est portée à ses dernières limites l'adénopathie entraîne la mort : par *syncope ;* par *asphyxie lente* (compression trop forte des voies aériennes ; par *hémorrhagie méningée* (compression de la veine cave et arrêt de la circulation veineuse cérébrale).

Lorsqu'il s'agit d'un kyste ganglionnaire, celui-ci peut en se vidant dans les organes voisins entraîner la mort de diverses manières : par *asphyxie rapide, et obstruc-*

tion de la trachée s'il se vide dans la trachée ; par *pneumothorax* (évacuation dans la plèvre) ; par *hémorrhagie foudroyante* (ouverture dans un vaisseau sanguin).

Diagnostic. — 1° *L'adénopathie trachéo-bronchique évolue isolément :* tuberculose ganglionnaire primitive, etc.

Les symptômes de l'adénopathie trachéo-bronchique lui sont communs avec toute tumeur du médiastin qui par son développement progressif et suivant son siège peut comprimer les mêmes organes : tel est *surtout l'anévrysme de l'aorte thoracique.* Mais celui-ci outre ses symptômes extrinsèques ou de compression présente des manifestations spéciales (souffles, etc.) qui lui sont propres. L'erreur n'a d'ailleurs chance d'être commise qu'au début de l'affection quand l'anévrysme ne vient pas faire expansion au dehors et reste caché profondément. L'adénopathie trachéo-bronchique se distinguera de l'anévrysme aortique à cette période et de toute autre tumeur du médiastin par le siège assez spécial de ses manifestations signalé ci-dessus.

2° *Elle fait partie d'une tuberculose en évolution.* — Ici le diagnostic outre qu'il est difficile ne présente pas grand intéret.

Traitement. — A peu près nul.

BRONCHIO-PNEUMONIE

Le terme de bronchio-pneumonie comprend et enveloppe la *pneumonie catarrhale,* la *pneumonie lobulaire* la *bronchite capillaire,* le *catarrhe suffocant* (Barthez et Rilliet).

Etiologie. — C'est une maladie de *la vieillesse* et surtout de *l'enfance*. Elle est dans la plupart des cas *secondaire*.

Primitive elle peut être attribuée au froid.

Secondaire elle constitue une des plus redoutables complications de la *rougeole*, de la *coqueluche*, de la *grippe*, de la *fièvre typhoïde* et de la *diphthérie*.

Anatomie pathologique. — Elle comprend :

1° Les lésions bronchiques ;

2° Les lésions pulmonaires.

Lésions bronchiques. — Les petites bronches sont *turgescentes, desquamées*. Leur muqueuse est pointillée de rouge, ou uniformément injectée, et présente un certain degré *de ramollissement*.

Elles sont remplies, surtout au lobe inférieur d'un *liquide muco-purulent, jaunâtre, adhérent*.

Les bronches subissent une dilatation aiguë, passagère, due à *l'abondance de la sécrétion*, à la *paralysie des muscles bronchiques* consécutive à l'inflammation de la muqueuse, et enfin à *l'imperméabilité et à l'affaissement du tissu environnant*.

A la surface du poumon et sur les coupes se montrent les *grains jaunes* ou *granulations purulentes*. La granulation purulente est le résultat de la présence du muco-pus dans une ou plusieurs alvéoles. Elle forme un petit noyau jaunâtre, dur, saillant, variant de la grosseur d'un grain de millet à une lentille, tranchant vivement sur le tissu environnant violacé. Lorsqu'on pique la granulation il en sort une gouttelette purulente.

Les *vacuoles* sont des cavités non anfractueuses, situées à la surface ou dans la profondeur du poumon, communiquant avec les bronches et contenant soit de l'air, soit du muco-pus, soit tous deux ensemble. Elles peuvent varier de la grosseur d'un pois à celle d'un œuf de pigeon.

Les vacuoles paraissent dues à la réunion de plusieurs grains purulents (Barthez et Rilliet, Cadet de Gassicourt.)

Lésions pulmonaires. — Elles sont de deux ordres : les unes *accessoires*, d'ordre purement mécanique ; les autres *fondamentales*.

1° Lésions accessoires. Elles comprennent l'*état fœtal*, ou *atélectasie* et l'*emphysème aigu*.

L'*atélectasie* siège de préférence sur *les bords tranchants du poumon* et *particulièrement au bord postérieur*. Le tissu pulmonaire atélectasié est de couleur rouge, violet, bleuâtre, ou bleu noir ; il est manifestement déprimé au-dessous du niveau des tissus environnants ; *sa consistance est celle d'un muscle* d'où le nom de *carnification* qui lui a été donné ; il *est privé d'air*, flasque, souple, ne crépite plus et sa pesanteur spécifique est plus grande que celle de l'eau ; l'*analogie est grande avec le poumon du fœtus qui n'a pas respiré et ne contient pas d'air* (état fœtal). *L'insufflation rend au tissu atélectasié son apparence et ses propriétés normales*. La coupe du tissu atélectasié est nette et lisse.

Gairdner a donné la théorie suivante pour expliquer l'état fœtal : une bronche se trouve obstruée par un bouchon muqueux, un exsudat qui faisant soupape permet aux alvéoles qu'elle tient sous sa dépendance d'expulser tout l'air contenu mais non plus d'en recevoir de nouveau. Le tissu pulmonaire ainsi vidé d'air s'affaisse et reprend l'apparence fœtale.

L'*emphysème aigu* siège au sommet ou sur le bord antérieur du poumon ; il est dû à la dyspnée.

2° Les lésions fondamentales sont la *congestion* et l'*hépatisation*, conséquences directes de la bronchite.

La *congestion* joue un rôle important dans le tableau clinique de la bronchio-pneumonie.

Hépatisation. — La caractéristique de l'hépatisation dans la bronchio-pneumonie c'est que chaque lobule s'hépatise indépendamment de ses voisins de telle sorte qu'on voit côte à côte un lobule sain et un lobule hépatisé, ou deux lobules hépatisés mais à des degrés divers. Le lobule passe par les trois phases de l'hépatisation, *congestion, hépatisation rouge, hépatisation grise :* il forme un îlot losangique, dur, saillant, compact, plongeant dans l'eau, de couleur variable suivant les stades.

Au stade congestif la couleur est violacée.

Au deuxième stade, ou d'hépatisation rouge la couleur d'abord d'un rouge rosé uniforme ne tarde pas à *séparer en deux zones :* une *zone extérieure* rouge rosé, une zone *centrale grise*, qui a déjà atteint le troisième degré, alors que la zone extérieure est encore au second.

Au troisième stade le lobule est tout entier purulent, grisâtre.

Les lobules hépatisés sont *tantôt disséminés :* un lobule hépatisé est jeté ou milieu du tissu sain ou atélectasié au milieu duquel il fait saillie, d'où *l'aspect mamelonné*, et le nom de bronchio-pneumonie mamelonnée donné à cette forme.

Tantôt au contraire ils sont *conglomérés*, et peuven prendre même tout un lobe qui devient ainsi en masse compact et dur, présentant une grande analogie avec la pneumonie fibrineuse vraie, d'où le nom de *pneumonie pseudo-lobaire* donné à cette forme ; mais les lobules hépatisés qui le *composent n'en sont pas moins à des degrés divers du processus.*

Nous venons d'étudier séparément les diverses lésions qui composent la bronchio-pneumonie ; ces lésions se groupent diversement pour donner lieu à des formes anatomiques qu'il importe de connaître.

1° Forme bronchique suraiguë. Ce sont les lésions bronchiques qui dominent : les noyaux d'hépatisation sont des plus rares : il semble que la maladie ait marché trop vite pour permettre aux lésions bronchiques d'engendrer les lésions pulmonaires.

2° Forme pulmonaire disséminée. On y trouve les lésions bronchiques au complet, et des noyaux d'hépatisation dissiminés en nombre plus ou moins grand.

3° Forme pulmonaire généralisée ou pseudo-lobaire. Cette forme dont nous avons déjà dit un mot plus haut, siège surtout au lobe inférieur.

Symptômes. — Ils sont locaux et fonctionnels.

1° *Symptômes locaux.* — Les lésions bronchiques se traduisent par des râles *sibilants*, *muqueux* et *sous-crépitants*.

Le râle sibilant indique le rétrécissement des canaux bronchiques produit par la congestion de la muqueuse et l'accumulation des sécrétions. Il varie du ronflement au sifflement aigu.

Le râle muqueux qui va du râle crépitant fin au gargouillement indique le catarrhe des bronches moyennes.

Le râle sous crépitant est le plus important : il indique l'envahissement des petites bronches et des bronches capillaires.

Les lésions pulmonaires, *congestion* et *hépatisation* se traduisent par le *râle crépitant*, le *souffle bronchique* avec ses divers timbres, la *bronchophonie* et la *diminution de sonorité à la percussion allant jusqu'à la matité*. Pour distinguer la congestion de l'hépatisation il faut savoir que la *congestion étant essentiellement mobile et fugace, les signes auxquels elle donne lieu sont entièrement mobiles tandis que ceux fournis par l'hépatisation sont beaucoup plus fixes.*

2° *Symptômes fonctionnels.* — La *toux* est constante et varie suivant les formes de la maladie.

L'*expectoration*, manque chez les jeunes sujets au-dessous de cinq ans ; en tout cas on ne doit jamais s'attendre même dans la forme pseudo-lobaire à observer des crachats fibrineux comme dans la pneumonie vraie.

La *respiration* qui s'accélère chez les jeunes enfants à propos de la moindre inflammation bronchique acquiert dans la bronchio-pneumonie une fréquence exceptionnelle ; on peut dans la forme suffocante observer de 60 à 80 respirations par minute ; c'est également dans cette forme qu'on rencontre le mode respiratoire dit de Cheyne Stokes et l'apnée.

La *fièvre* est d'autant plus intense que l'enfant est plus jeune, que la maladie est plus rapide et plus suffocante, et que les lésions sont plus étendues.

La congestion avec ses poussées passagères imprime à la courbe thermique une allure irrégulière.

Phénomènes nerveux. — On observe chez les jeunes enfants l'éclampsie, chez les sujets un peu plus âgés il y a du délire et de l'assoupissement.

Troubles digestifs. — La soif est vive ; il y a de l'anorexie, et le plus souvent une diarrhée abondante.

Formes cliniques de la bronchio-pneumonie. — Avec Barthez et Rilliet nous décrirons :

1° Une forme suffocante suraiguë : *catarrhe suffocant* des auteurs où la bronchite a la plus large part de beaucoup.

2° Une forme aiguë où la congestion et l'hépatisation dominent la bronchite : cette forme comporte deux variétés.

a. Forme disséminée ou bronchite capillaire proprement dite.

b. Forme généralisée ou pseudo-lobaire.

Forme suffocante suraiguë. Catarrhe suffocant. — Chez un jeune enfant pris de catarrhe ordinaire, depuis quelques jours, éclatent tout à coup des symptômes formidables.

La *fièvre* s'allume, le thermomètre marque 40° et plus, le pouls est à 140, 160, 180, la respiration s'accélère : on compte de soixante à quatre-vingts respirations par minute ; la dyspnée imprime au facies un cachet angoissant spécial « les yeux sont cernés, le regard exprime la souffrance, les ailes du nez se dilatent largement, les narines deviennent sèches, croûteuses ; les lèvres et la face prennent une extrême pâleur, ou momentanément congestionnées prennent une teinte violette très marquée, surtout à la suite des quintes de toux » (Barthez et Rilliet).

La poitrine reste sonore, et l'auscultation fait entendre un râle sibilant, sonore, abondant.

Le petit malade asphyxié tombe dans la somnolence, et souvent alors apparaît, indice de la terminaison fatale, la respiration de Cheyne Stokes ou de longues périodes d'apnée.

Rarement l'état se modifie favorablement ; la dyspnée s'amende et la période catarrhale un instant interrompue par cet effrayant épisode reparaît de nouveau dans ce cas le passage de la crise à la santé est rapide.

En résumé, le catarhe suffoquant comprend trois périodes :

1° Période prodromique ou catarrhale qui manque rarement et dure un à plusieurs jours.

2° Période d'augment ou de suffocation, durant un à trois jours et se terminant par la mort ou par le passage à la

3° Période, période catarrhale de déclin, durant de deux à cinq jourrs.

Forme aiguë. — Plus souvent secondaire que la précédente, cette forme, malgré la moindre violence des symptômes et leur évolution plus lente, ne laisse pas d'être aussi dangereuse.

Le *début* est plus graduel : la dyspnée et la toux apparaissent ou augmentent graduellement.

Nous avons dit qu'on pouvait reconnaître deux variétés de cette forme :

1° Forme disséminée, ou bronchite capillaire proprement dite. La *fièvre* est intense ; le pouls plein ; la toux fréquente. Le *râle sibilant et sous-crépitant* apparaît d'abord à la partie postérieure puis envahit la totalité du poumon ; en même temps la dyspnée s'exagère : la respiration devient plus fréquente, les ailes du nez se dilatent et la face devient pâle ou par instants violacée.

L'hépatisation qui elle aussi se dissémine lentement se traduit çà et là par ses signes habituels qui ont toujours peu d'étendue.

Lorsque la maladie se prolonge, l'enfant maigrit, la fièvre hectique sempare de lui, les traits sont tirés, la peau terreuse et la ressemblance s'établit complète avec la tuberculose pulmonaire.

La mort survient après une durée variable au milieu de la dyspnée, par asphyxie, ou bien encore ce sont les convulsions qui terminent la scène.

La guérison est rare mais peut être obtenue, en ce cas la convalescence est très longue.

2° *Forme généralisée.* — Elle se rapproche de la pneumonie lobaire. La fièvre est intense et continue, la dyspnée vive mais moins accentuée que dans la forme précédente.

La bronchio-pneumonie peut être unilatérale tout d'abord, mais elle finit par envahir les deux côtés, et l'on perçoit alors soit du souffle seul, soit du souffle mélangé à du râle humide. La matité est très sensible.

Lorsque la pneumonie lobulaire est en bloc (pneumonie pseudo-lobaire) la fixité et l'étendue du souffle et de la matité rappellent ce qui se passe dans la pneumonie lobaire vraie ; mais on reconnaîtra que d'une part les signes de pneumonie lobulaire ont précédé et que en même temps que les signes d'hépatisation pseudo-lobaire on perçoit soit dans l'autre poumon soit en d'autres régions du même poumon, les symptômes de la bronchite capillaire.

La forme généralisée ordinaire est d'une évolution d'autant plus rapide que les symptômes pulmonaires dominent davantage ; la forme pseudo-lobaire entraîne la mort en trois à huit jours.

La convalescence, quand la guérison s'établit est ici comme dans la bronchite capillaire de longue durée.

Diagnostic. — La marche de la bronchio-pneumonie, sa durée, la mobilité de ses symptômes, la coïncidence constante de l'élément catarrhal, les poussées congestives qui donnent à son évolution un caractère saccadé spécial permettent de la distinguer des autres maladies aiguës du poumon.

Voir plus haut pour le diagnostic avec la pneumonie franche qui ne saurait être confondue qu'avec la forme pseudo-lobaire de la bronchio-pneumonie.

Traitement. — Vomitifs. Série de petits vésicatoires volants laissés deux ou trois heures en place seulement. — Ventouses sèches.

Rhum et toniques en potion.

ARTICLE IV

MALADIES DU POUMON

Pneumonies. — La pneumonie fibrineuse reste intacte.

A la pneumonie interstitielle (pneumonie chronique, sclérose du poumon), nous croyons utile d'ajouter un court article sur les pneumonies professionnelles ou pneumonokonioses, sujet à peine ébauché dans l'édition actuelle.

Le principal changement introduit dans cet article portera sur la phthisie et ses variétés. A l'époque où parut l'édition actuelle nous avions cru devoir rester fidèle à la doctrine dualiste et accepter la pneumonie caséeuse indépendante de la tuberculose suivant l'idée allemande. Mais aujourd'hui il n'est plus permis de s'arrêter à cette opinion : l'école *uniciste* a vaincu. Nous croyons qu'il est bon de présenter un résumé tant historique qu'anatomique de cette question, et de soumettre très sommairement à nos lecteurs les faits expérimentaux. C'est sur ces points seulement que porteront nos changements ; quant à la clinique même on peut sauf pour la pneumonie caséeuse se reporter aux descriptions de notre *Manuel.*

TUBERCULOSE PULMONAIRE. PHTHISIE.

Depuis la dernière édition de notre Manuel la phthisie pulmonaire a été au point de vue anatomique l'objet de nombreux travaux qui ont changé considérablement les notions que nous exposions alors. Sans toucher aux descriptions cliniques nous indiquerons ici les données anatomiques qui ont rénové l'histoire de la tuberculose.

Laënnec a donné dans son immortel traité de l'Auscultation une description anatomique du tubercule pulmonaire qu'il importe de connaître exactement car elle a été le point de départ de tous les travaux et de toutes les discussions ultérieures. Ajoutons dès maintenant que sa conception après avoir régné sans conteste fut vivement attaquée par l'Ecole allemande et parut un instant renversée. Des travaux modernes dont la majeure partie revient à l'Ecole française et auxquels s'attachent surtout les noms de Villemin, Grancher, Thaon et Charcot l'ont de nouveau remise en honneur, et cette fois d'une façon définitive.

« La matière tuberculeuse, dit Laënnec, peut se développer dans le poumon et les autres organes sous deux formes principales, *celle de corps isolés et d'infiltrations*. Chacune de ces formes ou sortes présentent plusieurs variétés qui tiennent principalement à leurs divers degrés de développement. » Puis il distingue 4 variétés de corps isolés tuberculeux : *tubercules miliaires*, *tubercules crus*, *granulations tuberculeuses*, et *tubercules enkystés*.

L'infiltration tuberculeuse présente trois variétés : infiltration tuberculeuse informe, infiltration tuberculeuse grise, infiltration tuberculeuse jaune.

Ces diverses formes ne sont que le développement successif *dans chaque groupe* d'une même lésion, *la transformation de l'une en l'autre avec l'âge*.

Les tubercules miliaires, la forme la plus commune ont l'aspect d'un petit grain gris, demi-transparent, quelquefois même presque diaphane et incolore, d'une consistance un peu moindre que celle des cartilages ; leur grosseur varie depuis celle d'un grain de millet jusqu'à un grain de chènevis. — Ces grains grossissent et se réunissent par groupes. Avant que cette réunion arrive, un petit point d'un blanc jaunâtre et opaque se développe au centre de chaque tubercule et envahit sa totalité à mesure qu'il grossit. Au bout d'un certain temps l'envahissement est complet : c'est alors le *tubercule jaune cru*, ou simplement *tubercule cru*.

Granulations miliaires tuberculeuses. — (*Granulations grises de Bayle*). — Grosseur d'un grain de millet, forme exactement arrondie ou ovoïde : elles diffèrent en outre des tubercules ordinaires par l'uniformité de leur volume et leur transparence. Elles sont ordinairement disséminées en quantité innombrable dans l'étendue des poumons.

Infiltration tuberculeuse grise. — Cette infiltration se forme fréquemment autour des excavations tuberculeuses. Quelquefois elle se développe dans les poumons sans apparition préalable de tubercules miliaires. Le tissu pulmonaire ainsi gorgé est dense, humide, tout à fait imperméable à l'air, gris foncé. Peu à peu on voit se développer une quantité de petits points jaunes et opaques qui en se multipliant finissent par transformer l'infiltration grise en *infiltration jaune crue* qui, dit Laënnec, a été prise par les observateurs trop peu exercés pour de la pneumonie chronique.

Laënnec décrit aussi l'évolution de tous ces produits : au bout d'un certain temps survient *le ramollissement*, la liquéfaction, qui laisse à sa place une ulcération, une *caverne* dont la grandeur varie évidemment avec le volume du produit tuberculeux.

Ainsi, pour Laënnec, la phthisie n'avait qu'une cause, la tuberculose, et les produits tuberculeux se présentaient sous deux formes : 1° circonscrite, c'est le tubercule. — 2° Infiltrée. Même évolution de ces deux formes : d'abord grises, elles se caséifient, puis se ramollissent et se liquéfient : tantôt une seule de ces formes domine ou existe seule dans le poumon malade, tantôt elles sont associées.

Le doctrine de Laënnec se résume donc en un mot : *unité de la phthisie.*

Reinhardt en 1850 attaque le premier la doctrine de Laënnec, en prétendant que l'*infiltration tuberculeuse* de Laënnec n'était qu'une pneumonie ordinaire dont l'exsudat subissait la caséification à la période ultime. C'est la *dualité de la phthisie* qui reconnaît dès lors pour causes :

1° La tuberculose ;

2° Une inflammation ordinaire dont les produits se caséifient.

Virchow de 1847 à 1858 dans une série de travaux établit les points suivants :

Il n'y a qu'une seule lésion tuberculeuse, la granulation tuberculeuse. La caséification (infiltration grise et jaune de Laënnec) n'a rien qui appartienne à la tuberculose. — Ainsi la majorité des phthisiques sont des pneumoniques, et tuberculose et phthisie sont deux choses différentes. On alla même plus loin dans cette voie et Niemeyer considérant les tubercules comme le résultat d'une infection consécutive à la destruction des foyers caséeux en arriva à dire que *le plus grand danger qui pouvait menacer un phthisique c'était de devenir tuberculeux !*

Le premier coup fut porté à la doctrine de la dualité allemande par les expériences d'inoculation de Villemin (1865) qui tuberculisa les animaux en expérimentation tant par l'inoculation de la granulation que par l'inoculation des produits caséeux : ces deux lésions en apparence si différentes pour l'école de Virchow n'étaient donc qu'une seule et même chose !

Bientôt les travaux de Grancher vinrent démontrer qu'au point de vue histologique l'idée allemande était fausse.

Les produits caséeux *n'étaient* anatomiquement que *des tubercules*, tubercules géants il est vrai, *mais tubercules au même titre que la granulation.*

Le tubercule se compose des éléments suivants *dont l'arrangement est caractéristique :*

1° Zone centrale caséeuse ;

2° Zone périphérique embryonnaire ;

3° Zone plus externe encore de pneumonie péri-tuberculeuse.

Or, si on examine avant leur confluence les nodules jaunâtres qu'on trouve à côté des grandes infiltrations de la pneumonie dite caséeuse, on y reconnaît cette structure caractéristique. Plus tard, ces nodules auxquels Grancher donne le nom de *tubercules pneumoniques* se fusionnent et forment les grandes masses caséeuses.

La matière tuberculeuse se présente dans le poumon sous deux formes :

1° *Tubercule miliaire gris ou granulation grise.* — La zone centrale est ici peu développée, la zone embryonnaire très marquée et *tendant d'une façon très remarquable à la sclérose ;* au dernier degré de son évolution ce tubercule deviendra fibreux ; ce sera le tubercule fibreux de Bayle, tubercule de guérison de Cruveilhier.

2° *Tubercule miliaire jaune ou granulation jaune* plus mou, plus irrégulier que le tubercule miliaire gris.

La zone périphérique embryonnaire est très peu marquée : la tendance de ce tubercule est surtout caséeuse, et tandis que les granulations grises restent toujours isolées, les tubercules miliaires jaunes se confondent formant un tubercule pneumonique ou tubercule géant.

La réunion de ces tubercules géants forme les vastes plaques caséeuses.

La destinée de ces tubercules jaunes ou des masses caséeuses qu'elles forment en se réunissant est la même : ulcération et production de cavernes.

Nous allons maintenant décrire les diverses formes anatomiques de la tuberculose et montrer comment les diverses lésions tuberculeuses que nous avons indiquées se groupent dans chacune de ces formes.

Ces formes sont au nombre de trois :

1° Phthisie pneumonique ou pneumonie tuberculeuse. C'est la pneumonie caséeuse de l'Ecole dualiste ;

2° Phthisie aiguë ou granulique ;

3° Phthisie commune. Entre ces deux derniers types on trouve un intermédiaire la phthisie subaiguë ou galopante.

La description clinique de ces formes a été donnée dans notre Manuel ; elle est exacte encore aujourd'hui nous n'y ajouterons que celle de la phthisie pneumonique qui était incomplète.

Phthisie pneumonique. — « Un individu, jusque-là « assez bien portant, tombe malade subitement. Il est pris « de *frisson* de *point de côté* et de *toux*. Il crache des « *mucosités visqueuses et jaunes* comme celles de la « pneumonie franche. L'auscultation révèle tous les signes « classiques d'une pneumonie et les phénomènes généraux « fièvre et sueurs s'accordant avec les phénomènes locaux, « le médecin diagnostique une pneumonie aiguë lobaire. « *Cependant la défervescence ne se produit pas ou* « *se produit très imparfaitement;* l'induration pulmo- « naire persiste et les crachats deviennent sanieux et mu- « co-purulents. Les forces s'écroulent tout à coup, l'amai- « grissement survient général et excessif et une cachexie « aiguë ou une asphyxie rapide tue le malade. Deux mois, « six semaines, un mois même ont suffi.

« A l'autopsie tous les organes sont sains, sauf un pou- « mon qui est volumineux, pesant et dont le lobe supérieur « est transformé partiellement en une masse caséeuse, jaune « grisâtre, un peu friable, lisse à la coupe et marbrée. Çà « et là existent souvent quelques cavernules, mais elles peu- « vent manquer.

« Les lobes moyens et inférieurs ont un aspect différent.

« Sur un fond rosé et gélatineux se détachent de petites « masses blanchâtres arrondies ou ovoïdes formant une « légère saillie sous la plèvre. Ces petites intumescences « s'écrasent sous les doigts et ressemblent à du fromage « mou. Il arrivera souvent de rencontrer dans quelques « points du lobe inférieur, au sein d'un parenchyme con- « gestionné mais encore léger et crépitant les mêmes tu- « meurs plus petites et plus dures.

« Les différences qu'on trouve entre les lobes supérieur, « moyen et inférieur tiennent simplement au degré anato- « mique de la lésion plus ancienne au sommet, plus récente « à la base. Les petites masses dures et jaunes du lobe « inférieur sont les tubercules pneumoniques qui plus « confluents au lobe inférieur se réunissent et forment les

« masses caséeuses. Le phthisique pneumonique peut « mourir sans qu'on trouve dans son poumon, un seul « tubercule miliaire. » (Grancher).

Phthisie aiguë ou granulique. — La tuberculose n'est ici représentée que par la *granulation grise.* Le poumon congestionné, mais encore crépitant est rempli d'un million de ces petits tubercules (Grancher).

Le microscope montre qu'on a affaire dans la phthisie granulique :

1° A des granulations miliaires adultes, granulations grises ;

2° A des granulations microscopiques, tubercule embryonnaire.

Phthisie commune. — Le poumon contient ordinairement toutes les formes anatomiques du tubercule et à tous les degrés : *cavernes au sommet surtout, granulation miliaire grise ou jaune, et tubercule pneumonique.*

Un mot en finissant sur l'*étiologie générale* de la tuberculose pulmonaire.

Un fait dominant qui rencontre encore quelques contradicteurs mais s'affirme chaque jour, c'est la virulence de la tuberculose. La tuberculose est une maladie *spécifique, contagieuse, inoculable.*

La démonstration de l'*inoculabilité* de la tuberculose appartient à Villemin (1865). Villemin inoculait les animaux en expérience soit avec la granulation soit avec des parcelles de masse caséeuse, et produisait ainsi la tuberculose.

On a objecté à ses expériences que bien d'autres produits morbides pouvaient être inoculés et produire chez les animaux en expérience des lésions de tout point semblables.

M. H. Martin a tout récemment démontré que si le fait était vrai il y avait pourtant une différence capitale et caractéristique entre les lésions produites chez l'animal en expérience par l'inoculation tuberculeuse de M. Villemin et l'inoculation *banale* de ses contradicteurs : *les productions morbides déterminées par inoculation tuberculeuse sont indéfiniment réinoculables et produisent toujours la tuberculose ;* au contraire la production morbide déterminée par inoculation banale ne peut pas être réinoculée.

Entrant dans le détail nous dirons que la tuberculose est : 1° *héréditaire* d'une façon très évidente ;

2° *Acquise*, soit par contagion directe, dans la vie intime avec des tuberculeux, soit par *réceptivité morbide*, déchéance de l'économie, quelle qu'en soit la cause (épuisement, fatigues, chagrins, grossesses répétées, scrofules, rachitisme, alcoolisme, etc.).

Koch a démontré péremptoirement le *bacille de la tuberculose* que des recherches assez simples aujourd'hui permettront à chacun de retrouver. Ces moyens sont entrés dans la clinique et constituent un des éléments diagnostiques les plus précieux dans les cas douteux.

PNEUMONOKONIOSES

On désigne sous ce nom toute catégorie de phlegmasies chroniques du poumon dues à l'action de corps étrangers. La plus anciennement connue est l'*anthracose ;* depuis on a décrit la *sidérose* et la *chalicose*.

Anthracose pulmonaire. — A l'état normal les

poumons se chargent de marbrures noirâtres qui sont extrêmement *marquées chez le vieillard* et *manquent chez l'enfant*. Ces marbrures se rencontrent surtout aux sommets et aux bords postérieurs où elles forment des plaques ou des figures polygonales. Bayle, Laennec et Monneret connaissaient cet état sous le nom de *mélanose*, et le considéraient comme un produit de sécrétion pathologique.

Andral, Virchow en faisaient un pigment hématique. Pearson a démontré en 1813 que cette matière noirâtre est *le charbon*.

Mais il peut arriver que l'anthracose dépasse ce degré physiologique et détermine dans le poumon une inflammation chronique, un *pneumonokoniose*, décrite sous le nom de *phthisie des mineurs*.

Etiologie. — Les *mineurs*, les *fondeurs en cuivre, en bronze* y sont surtout exposés. Les charbonniers aussi, mais à un moindre degré.

Anatomie pathologique. — Le poumon anthracosique est entouré d'une *coque pleurale épaisse*. Il forme un *bloc noir, dur, ferme*, criant sous le scalpel, colorant en noir le doigt et l'eau. Ce tissu n'est pas insufflable et plonge. Il est parcouru de toutes parts par des *travées conjonctives épaisses*, et présente des *noyaux indurés*. A la dernière période il y a formation *de cavernes*.

Lésions concomitantes. — Pleurésie chronique. Anthracose des ganglions trachéo-bronchiques et des ganglions du hile. Dilatation du cœur droit. Tuberculisation pulmonaire.

Symptômes. — Pendant un temps variable la lésion est supportée sans donner lieu à aucun symptôme. Puis apparaît la période *initiale* marquée par des *symptômes généraux* : fatigue, amaigrissement, affaiblissement, anémie, pâleur de la face avec cyanose des lèvres et des *symptômes pulmonaires ; toux, crachats noirs* et phénomènes d'induration peu marquée, souffle et rudesse de la respiration.

A la période d'*état* la débilité augmente, le *teint se plombe*, la *dyspnée* s'accentue ; la toux et les crachats noirs deviennemt plus marqués, en même temps que les symptômes d'induration pulmonaire s'établissent nettement.

La maladie se termine par la *consomption* analogue à celle des *phthisiques*, et souvent par des complications *cardiaques* (asystolie par dilatation des cavités droites).

Chalicose pulmonaire. — C'est l'état de pneumonie chronique déterminée *par la poussière de* silex.

Il existe ici comme pour l'anthracose un certain degré de chalicose physiologique.

L'état pathologique se rencontre chez les *tailleurs de pierre et de grès* et chez les *aiguiseurs*.

L'analogie anatomique et clinique (excepté pour la couleur noirâtre) est complète avec l'anthracose pulmonaire.

Les poumons indurés sont farcis de noyaux durs, grisâtres ; à une période avancée le poumon se creuse de cavernes.

Les crachats des malades contiennent de nombreux débris siliceux mis en évidence par le microscope et l'analyse chimique.

Sidérose pulmonaire. — Pneunomie chronique encore assez rare causée par la poussière d'oxyde de fer chez les miroitiers, batteurs d'or, polisseurs de glace.

LIVRE III

MALADIES DE L'APPAREIL DIGESTIF

ARTICLE PREMIER

MALADIES DE LA BOUCHE ET DU PHARYNX.

STOMATITES

Notre manuel étudiait successivement la *stomatite simple* ou érythémateuse, la *stomatite mercurielle*, la *stomatite aphtheuse*, la *stomatite ulcéro-membraneuse*, et le muguet.

On trouvera ici une étude élémentaire plus complète de la *stomatite mercurielle*, trop abrégée dans notre dernière édition et les précédentes. Nous croyons aussi devoir développer la *stomatite ulcéro-membraneuse*. Quant au muguet certaines idées que nous exprimions ont été singulièrement modifiées par des travaux récents : aussi en présentons-nous une description nouvelle.

ANGINES

Nous donnerons ici une description plus complète de *l'angine diphthérique* dont la connaissance est d'un si haut intérêt, nous y joindrons l'étude de la *paralysie diphthérique* trop écourtée dans nos éditions précédentes, et que de nombreux travaux récents ont si bien mise en lumière.

Les autres angines aiguës et les angines chroniques ne méritent point une retouche spéciale : on pourra se reporter à leur description dans notre Manuel.

STOMATITE MERCURIELLE

Elle résulte de l'action exercée sur la muqueuse buccale et les glandes salivaires par le mercure s'éliminant par la voie buccale quel qu'ait été le mode d'introduction (peau — voies respiratoires — muqueuse digestive).

Etiologie. — Trois ordres de causes :

1° *Professionnelles.* — Mineurs, doreurs, argenteurs, chapeliers ;

2° *Accidentelles.* — Empoisonnement surtout par le sublimé corrosif ;

3° *Thérapeutiques.* — De nos jours, la stomatite mercurielle, dans le cours du traitement antisyphilitique, est rare. *Cependant il faut toujours compter avec les susceptibilités individuelles.* Les frictions cutanées, puis le sublimé et le calomel paraissent être les modes thérapeutiques donnant de préférence naissance à la stomatite mercurielle.

Symptômes (1). — 1° *Forme aiguë.* — La stomatite mercurielle est annoncée par un *agacement gingival,* une *saveur métallique* dans la bouche, une *fétidité*

(1) L'abus du mercure donné à fortes doses et pendant longtemps provoquait autrefois une stomatite mercurielle intense qu'on croyait nécessaire à la guérison des malades. Ce n'est pas de cette forme suraiguë qu'il sera question ici mais d'une forme moyenne, forme aiguë, la seule qu'on observe aujourd'hui.

de l'haleine et une *douleur à l'angle de la mâchoire.*

Bientôt apparaissent les symptômes caractéristiques : *rougeur, gonflement, exulcérations* et *salivation.*

La rougeur et le gonflement sont surtout marqués aux *joues et à la langue qui gardent l'empreinte des dents.*

Les exulcérations sont sous forme de plaques grisâtres, siégeant au *bord libre des gencives*, aux *lèvres*, aux *joues* et à la *langue.*

Le ptyalisme est *le symptôme capital : le malade rend parfois jusqu'à plusieurs litres de salive dans les vingt-quatre heures.*

Les dents sont ébranlées, recouvertes d'un enduit grisâtre.

2° *Forme chronique.* — Tantôt elle succède à la forme aigüe (fongosités de la muqueuse, chute des dents, nécrose maxillaire), tantôt elle est chronique d'emblée (mineurs) et se caractérise surtout par l'édentation.

Traitement. — 1° Suspendre l'administration du mercure ;

2° Donner le chlorate de potasse en potion à la dose de 2 à 6 grammes par jour. On se trouve très bien de la poudre suivante pour prévenir la stomatite chez les syphilitiques en traitement : charbon, quinquina, chlorate de potasse à partie égale pour friction dentaire.

Bien traitée, la forme aigüe guérit en une quinzaine.

STOMATITE ULCÉRO-MEMBRANEUSE

C'est une affection *souvent épidémique*, se développant sous l'influence de mauvaises conditions hygiéniques et caractérisée par le sphacèle superficiel de la muqueuse : c'est la muqueuse des joues qui est surtout frappée.

Étiologie. — *Les enfants de quatre à dix ans, les soldats et les marins, vivant dans les locaux resserrés et mal aérés, soumis à la fatigue et à une alimentation insuffisante, y sont surtout sujets.*

La stomatite ulcéro-membraneuse affecte souvent une *marche endémo-épidémique.*

Symptômes. — Les signes caractéristiques de cette affection sont :

1° *La rougeur* de la muqueuse buccale et l'état tuméfié et pulpeux des gencives;

2° Les plaques membraneuses de la muqueuse géniale, *jaunes, allongées transversalement, adhérentes, siégeant d'un seul côté et à gauche le plus souvent,* en nombre variable. Ces plaques sont le résultat du sphacèle superficiel de la muqueuse. Plus rarement les plaques de la stomatite ulcéro-membraneuse affectent la muqueuse des gencives et des lèvres ;

3° *Les ulcérations consécutives à la chute des plaques.* La muqueuse rougit et s'élève autour de ces ulcérations ;

4° La *douleur*, la *salivation*, la *fétidité de l'haleine*, allant parfois jusqu'à l'odeur de la gangrène, *l'engorgement des ganglions sous et retro maxillaires.*

Phénomènes généraux. — Fièvre, troubles gastro-intestinaux, abattement, prostration.

La *marche* est le plus souvent aigüe. Convenablement traitée, l'affection dure de huit à dix jours.

Le *pronostic* en est bénin.

Le *diagnostic* repose sur la constatation des caractères suivants : *couleur jaunâtre de la plaque pseudo-membraneuse ; adhérence de cette plaque* à la muqueuse ; *siège unilatéral et à gauche* le plus souvent.

Traitement. — 1° *Hygiénique :* écarter les causes (encombrement, manque d'air, alimentation insuffisante et surmenage).

2° *Curatif :* chlorate de potasse à dose de 2 à 8 grammes par jour.

MUGUET

Synonymie : Millet, stomatite crêmeuse.

Affection caractérisée par la production de plaques blanchâtres spéciales dans la constitution desquelles entre pour partie principale un cryptogame : l'oïdium albicans.

Anatomie pathologique. — *Siège :* Le siège préféré du muguet est *la face dorsale de la langue*, puis viennent les autres parties de la cavité buccale. Le muguet se développe facilement dans l'*œsophage*, plus rarement à l'anus et à la vulve.

Parrot a démontré l'existence du *muguet intestinal et stomacal*, et *des voies respiratoires* (larynx, cordes vocales inférieures et poumon).

Deux éléments forment la plaque du muguet :

1° *L'épithélium de la muqueuse sous-jacente qui forme trame pour :*

2° *Un cryptogame de la famille des champignons, genre oïdium* (oïdium albicans de Robin : assemblage *de tubes de mycelium* et de *spores*).

Etiologie. — *Le muguet est toujours une affection secondaire*, ne se développant que chez un individu dont le tube digestif est malade et la muqueuse buccale altérée *et de réaction acide : dans ces con-*

ditions seules la végétation cryptogamique peut avoir lieu.

A. Muguet des nouveaux-nés. — C'est une des manifestations de l'athrepsie.

B. Muguet des adultes. — C'est l'expression ultime d'une maladie aigüe ou chronique (*tuberculose*, *cancer*, *fièvre typhoïde*, etc.).

Symptômes. — La langue est affectée tout d'abord : dans une PÉRIODE INITIALE, *une rougeur vive s'étend de la pointe à la base*, et se propage aux autres parties de la bouche; l'*épithélium se détruit*, les *papilles font saillie* (langue de chat); *le mucus buccal devient acide.*

Puis apparaît le muguet formant sur la langue « *un semis de petites masses assez régulières, arrondies, légèrement mamelonnées ou coniques, lisses, d'un blanc éclatant et sans transparence, d'abord distinctes les unes des autres*, puis formant des groupes qui se rapprochent par leur élargissement et finissent par se confondre de manière à former *une ou plusieurs couches membraniformes, épaisses, à surface inégale ou tomenteuse.* » (Parrot. L'athrepsie).

Puis le muguet s'étend *aux joues* où il forme un triangle allongé d'arrière en avant dans l'espace intermaxillaire, *au palais* où il se présente sous la forme circinée, etc.

La *couleur*, d'abord blanche, ne tarde pas à se salir et à devenir *jaune brun.*

L'*adhérence* du muguet est plus grande aux joues que sur la voûte palatine et à la langue.

La muqueuse buccale au-dessous des plaques de muguet est *rouge sans ulcération.*

Les plaques enlevées ne *tardent pas à reparaître avec rapidité* si l'état général ne se modifie pas.

Marche et pronostic. — Affection secondaire, le muguet est toujours d'un fâcheux présage; il s'améliore avec l'affection causale.

Diagnostic. — Facile. L'examen microscopique lèverait au besoin tous les doutes.

Traitement. — 1° Général. Combattre ou améliorer l'affection causale.

2° Local. — Collutoire composé de miel et borax à parties égales. Lotions alcalines et en particulier eau de Vichy.

ANGINE DIPHTHÉRIQUE

Etiologie. — Elle n'épargne aucun âge, *mais atteint plus spécialement l'enfance.* Elle est *contagieuse* et plus commune ainsi que plus grave dans les *saisons froides* ou les *localités humides.*

Anatomie pathologique. — La lésion caractéristique de l'angine diphthérique, c'est la *fausse membrane.* L'aspect et les caractères de la fausse membrane varient suivant qu'on a affaire à l'angine diphthérique commune sporadique, ou à l'angine toxique.

1° *Angine commune sporadique.*— Celle-ci siège sur les *amygdales*, le *voile palatin*, *luette*, tantôt formant une *simple plaque*, tantôt *étalée largement* et couvrant d'une façon continue toutes les surfaces.

Coloration. — Blanc laiteux, grisâtre ou brune.

Adhérence à la muqueuse sous-jacente. — Intime au début, elle diminue plus tard; au-dessous, la muqueuse est saine.

2° *Angine toxique.* — Les fausses membranes siégeant aux mêmes lieux sont plus étendues, et de *consistance molle*, *pulpeuse*, de couleur *gris brun*, *d'aspect gangréneux et exhalent une odeur fétide.*

Au-dessous la muqueuse est rouge-violacé. Les ganglions sous-maxillaires *sont engorgés* et parfois *phlegmoneux.*

Le rein présente les altérations de la néphrite aiguë ; les muscles et le *muscle cardiaque en particulier* sont frappés de dégénération granuleuse, et le sang a les caractères du *sang dissous* (fluide, noirâtre, poisseux).

Symptômes. — Nous décrirons :

1° Une forme relativement bénigne : *Angine diphthérique commune* de Trousseau, *diphthéroïde* de Lasègue.

Le début est *insidieux :* léger mal de gorge, qui n'empêche pas le malade de vaquer à ses occupations. — Déjà pourtant les fausses membranes tapissent la gorge, blanchâtres ou grises, se reproduisant lorsqu'on les enlève. Les ganglions sous-maxillaires sont engorgés, légèrement douloureux, la fièvre est modérée, mais l'*abattement est très marqué.*

Le faciès est pâle, anémié ; la prostration évidente.

Dans les cas très légers tout est fini en deux ou trois jours ; mais les cas moyens durent une huitaine et ne sont pas exempts de tout danger : *c'est, en effet, dans ces cas moyens que se présente surtout, du moins chez les enfants, la propagation au larynx : le croup.*

2° Une forme toxique, *angine diphthérique toxique.* Elle est marquée d'emblée par :

A. Un engorgement ganglionnaire considérable.

B. Une douleur vive.

C. L'apparition rapide et l'extension des fausses membranes.

L'*engorgement ganglionnaire* est considérable : « *cela sent sa peste* » (Trousseau) et de fait, ces bubons suppurent parfois, décollant le tissu cellulaire, fusant au loin, produisant des hémorrhagies quelquefois mortelles, et mettant à nu de vastes étendues de tissu.

Les fausses membranes apparaissent rapidement, *molles, pulpeuses, noirâtres, d'aspect gangréneux, dégageant une odeur horrible.*

Au-dessous la muqueuse est gonflée, violacée.

La prostration est extrême ; le faciès anxieux, pâle, *teinte de cire*, les yeux cernés. *Le pouls est petit.*

Souvent apparaît un *coryza couenneux*, par propagation des fausses membranes diphthériques aux fosses nasales. *Les narines sont rouges et donnent issue à un écoulement de sanie fétide. Ce coryza est du plus fâcheux augure* (1).

Toute solution de continuité de la peau se couvre de plaques diphthéritiques.

Des hémorrhagies se montrent, *provenant de diverses sources* (purpura, épistaxis, etc.).

L'albuminurie est constante.

La mort est la terminaison commune : elle survient soit par *intoxication lente*, soit par *hémorrhagie*, soit par *syncope*. La guérison est possible mais rare.

La marche est tantôt lente, tantôt foudroyante : en deux ou trois jours le malade est enlevé.

Diagnostic. — Il n'offre aucune difficulté dans la forme toxique.

La forme bénigne ne peut être confondue qu'avec une angine herpétique, et souvent la confusion est inévitable. Le début brusque dans celle-ci, lent, insidieux dans la diphthérie, la coexistence d'un herpès labial ou autre ; l'état de la muqueuse au-dessous de la fausse membrane, ulcérée dans l'angine herpétique, intacte dans la diphthérie sont de bons moyens de diagnostic. — L'*albuminurie*,

(1) Telle est l'opinion de Trousseau, et dans ce cas elle est exacte. Mais le coryza couenneux se montre aussi dans la diphthérie moyenne et n'a pas alors de signification fâcheuse.

si elle existe (car elle n'est pas constante dans l'angine diphthéroïde), lèvera tous les doutes et imposera le diagnostic d'angine diphthérique.

Traitement. — Deux indications :

1° Déterger la gorge, ce qui se fera par des lavages phéniqués, par des attouchements avec l'eau de chaux, le jus de citron, etc.

2° Soutenir les forces du malade par les toniques administrés à l'intérieur, et une alimentation aussi complète que le permettra l'état local de la gorge.

PARALYSIE DIPHTHÉRIQUE

Etiologie. — Elle succède à toutes les formes de la diphthérie (*angine*, *croup*, *diphthérie cutanée*), mais surtout aux angines, *qu'elle qu'ait été leur gravité.*

Symptômes. — C'est le plus souvent *pendant la convalescence de l'angine* qu'elle débute, quinze à vingt jours après la disparition des fausses membranes.

La paralysie débute par *le voile du palais où elle se limite exclusivement dans un grand nombre de cas;* ailleurs elle frappe *ensuite les muscles oculaires* pour s'étendre *en troisième étape* aux *membres inférieurs*, puis aux *supérieurs* et de là gagner dans le cas de haute gravité le *diaphragme*, les *muscles respirateurs* extrinsèques et intrinsèques, le *cœur*, la *vessie* et le *rectum*.

Paralysie du voile du palais. — Elle a pour symptômes caractéristiques : *le nasonnement*, *la gêne de la déglutition*, les liquides revenant par le nez, la difficulté à *exercer la succion*, à *gonfler les joues*, *à souffler et à siffler.*

La luette pend *immobile*, *déformée*, *insensible aux excitations.*

A la paralysie palatine s'ajoute toujours un certain degré de gêne dans les mouvements du pharynx et de l'œsophage, et une paralysie incomplète du larynx qui explique le caractère enroué de la voix, l'aphonie parfois, et la pénétration fréquente des corps déglutis dans les voies aériennes.

Paralysies oculaires. — Elles portent :

1° Sur l'accommodation.

2° Sur les muscles moteurs oculaires.

Dans le premier cas, il y a *amblyopie*, pouvant aller jusqu'à la *cécité*, dans le second cas, il y a *strabisme*, *diplopie*.

Paralysie des membres. — La paralysie porte à la fois sur la motilité et la sensibilité, mais il est rare d'observer une forme définie de paralysie telle qu'hémiplégie ou paraplégie.

Aux membres inférieurs, il y a *forte parésie* avec obtusion de la sensibilité plutôt que paralysie au sens vrai du mot.

La sensibilité et le mouvement sont atteints de même aux membres supérieurs.

Lorsque la paralysie s'étend encore, elle gagne le *diaphragme* qu'elle atteint des deux côtés. Elle se marque de la façon suivante : *au moment de l'inspiration l'épigastre et l'hypocondre se dépriment, tandis qu'au contraire le thorax se dilate.* La respiration est *plus fréquente, haletante, essoufflée.* La paralysie du diaphragme n'est pas mortelle par elle-même, mais si une complication pulmonaire, même minime, telle que bronchite légère, survient, le malade est en imminence d'asphyxie.

Les muscles intercostaux et les autres muscles respirateurs extrinsèques sont aussi quelquefois atteints, ce qui aggrave d'autant le pronostic.

Enfin, *les muscles bronchiques* (muscles de Reseissen) peuvent être atteints, ce qui donne lieu à des accidents dyspnéïques formidables.

La paralysie du muscle cardiaque se marque par : l'angoisse précordiale, la dyspnée intense, le ralentissement et l'irrégularité du pouls. Elle entraîne presque fatalement la mort, soit *lentement* par ses progrès, soit *brusquement* par une syncope.

Le rectum et la vessie se prennent en dernier lieu.

Durée. — Terminaison. — La paralysie isolée du voile du palais guérit en quinze ou vingt jours. La paralysie généralisée ne se termine pas, lorsqu'elle évolue favorablement, en moins de deux à six mois.

Lorsque la paralysie généralisée évolue favorablement, c'est le voile du palais qui recouvre le dernier la motilité.

La mort survient par :

1° Asphyxie par pénétration d'un bol alimentaire dans les voies aériennes.

2° Inanition progressive consécutive à la gêne de l'alimentation.

3° Syncope par paralysie cardiaque.

4° Paralysie respiratoire (dyspnée progressive, accès brusque de suffocation).

Pathogénie. — Pour Trousseau la paralysie diphthéritique était le résultat de l'intoxication, le sang vicié devenant impropre à la nutrition des éléments anatomiques.

Vulpian et Prévost ont les premiers démontré qu'il ne s'agissait pas ici d'une paralysie *sine materia ;* ils ont découvert que *les nerfs du voile du palais étaient altérés*. Des travaux ultérieurs ont prouvé *l'altération des racines antérieures médullaires :* le siège anatomique est donc *central* suivant toute probabilité.

ARTICLE II

MALADIES DE L'ŒSOPHAGE

Nous ne croyons devoir rien modifier à cet article.

ARTICLE III

MALADIES DE L'ESTOMAC

Notre Manuel décrit tout d'abord *l'embarras gastrique* ou *catarrhe aigu* de l'estomac, *ou gastrite aiguë*, puis le catarrhe chronique ou dyspepsie. Vient ensuite l'étude *des gastrites* divisée en : 1° gastrite toxique. — 2° gastrite des buveurs.

Nous croyons devoir modifier profondément cette classification et quelques-unes des descriptions.

1° Il n'est rien moins que certain que *l'embarras gastrique* soit un catarrhe stomacal aigu, et à *fortiori* une gastrite aiguë : nous donnerons donc une description nouvelle de l'embarras gastrique.

La *dyspepsie* n'est rien qu'un *symptôme* commun, *outre les maladies de l'estomac, à bien des états morbides*. Ce qui est dit, dans notre Manuel, en commun du catarrhe chronique et de la dyspepsie, doit s'appliquer presqu'en totalité à la gastrite chronique ; entité morbide bien définie, et à laquelle se rattache tout particulièrement la gastrite des buveurs qui en avait été séparée. Enfin il y a une gastrite aiguë présentant plusieurs variétés encore mal étudiées et dont la gastrite toxique aiguë est le type le mieux connu.

Nous ferons donc suivre la description de l'embarras gastrique d'une étude nouvelle de la *dyspepsie* et de la *gastrite chronique*.

Quand à la *gastrite aiguë* et à sa variété toxique, le lecteur se reportera à notre Manuel.

EMBARRAS GASTRIQUE

C'est un état morbide difficile à caractériser nosographiquement, mais dont l'existence est incontestable.

Le plus souvent *symptomatique*, il est caractérisé par des *troubles légers et passagers des fonctions stomacales, attribués sans preuves anatomiques à un état catarrhal de la muqueuse.*

Etiologie. — Nous trouvons d'abord *les écarts de régime*, et *l'influence saisonnière* (printemps, automne).

L'embarras gastrique accompagne fréquemment les pyrexies diverses (*fièvres éruptives, fièvre typhoïde, rhumatisme, angines, pneumonie*, etc.).

Symptômes. — Il y a de *l'inappétence*, un *dégoût profond des aliments*, une *soif vive*.

La *langue* est large, étalée, recouverte d'un *enduit blanchâtre*.

On observe des *nausées*, des *renvois* gazeux et nidoreux fétides. Les *vomissements sont rares*.

L'épigastre est tendu, douloureux à la pression.

Fièvre. — Tantôt elle fait défaut (*embarras gastrique simple*), tantôt elle existe avec des caractères spéciaux : la *température monte en 24 ou 36 heures* à 40°, pour éprouver ensuite des *oscillations très-prononcées*.

Marche. Durée. Terminaisons. — 1° *Forme légère*, consécutive surtout à *une indigestion :* deux ou trois jours.

2° *Forme intense, fébrile,* durant une semaine au maximum.

3° Il existe une forme spéciale dite *bilieuse*, où dès le 2e ou 3e jour aux symptômes énoncés plus haut se surajoutent les signes d'un *état subictérique avec légère congestion hépatique.*

Diagnostic. — L'embarras gastrique simple, n'offre aucune difficulté diagnostique.

L'embarras gastrique fébrile pourrait être confondu avec une fièvre typhoïde au début (V. fièvre typhoïde).

Traitement. — Il consiste en purgatifs, vomitifs, ou éméto-cathartiques. En général on donne le premier jour un vomitif, qu'on fait suivre le lendemain d'un purgatif salin.

GASTRITE CHRONIQUE

C'est l'inflammation chronique de la muqueuse stomacale.

Etiologie — Les causes habituelles sont :

1° *Les écarts* de régime, l'habitude des repas trop copieux, et surtout *l'abus des boissons alcooliques* et du tabac.

2° *Les troubles de la circulation veineuse stomacale*, qui se produisent dans le cours des cirrhoses du foie, ou des maladies du cœur ; mais peut-être est-il juste de penser qu'ici la gastrite chronique n'est pas simplement un effet de ces troubles circulatoires, mais qu'elle est plutôt un effet direct de *l'alcoolisme* au même titre que les altérations hépatiques et cardiaques avec lesquelles elle apparaît.

3° *Certaines maladies constitutionnelles.* — Tuberculose, maladie de Bright, *goutte* surtout.

Anatomie pathologique. — La muqueuse présente souvent une *teinte ardoisée ;* elle offre un état *mamelonné* tout spécial, et parfois des masses polypeuses siégeant aux environs du pylore ; il y a *épaississement, augmentation de consistance de la muqueuse ;* lorsque l'inflammation est généralisée à toute la muqueuse, on observe du rétrécissement de l'organe ; lorsque les lésions sont plus marquées vers le pylore avec sténose de cet orifice, c'est la *dilatation* qui se produit, et l'amincissement des parois.

Dans la *gastrite chronique alcoolique* on observe de petites ulcérations folliculaires superficielles et le plus souvent ces ulcérations s'étendent au duodénum.

Symptômes. — Les symptômes de la gastrite chronique sont les suivants :

1° *Douleurs sourdes* caractérisées par un sentiment de lourdeur à l'épigastre, se réveillant surtout avec l'ingestion des aliments.

2° *Vomissements fréquents*. Les plus remarquables de ces vomissements sont *les pituites* des alcooliques : ils consistent en matières glaireuses filantes, abondantes et aqueuses se reproduisant chaque matin à jeun.

3° *Eructations* fréquentes ; renvois nidoreux, acides.

4° *Inappétence* le plus souvent complète, avec soif vive, langue sèche, constipation, *flatulence* et *ballonnement abdominal*.

5° L'état général s'aggrave par degrés, et le malade présentant les signes d'une anémie croissante, arrive au *marasme*. La céphalalgie, l'hypocondrie et l'apathie sont des symptômes formant habituellement cortège à la gastrite chronique.

Marche. — Le plus souvent malgré des améliorations passagères la gastrite chronique se perpétue et cela d'autant mieux qu'elle est entretenue par une affection causale (mal de Bright, tuberculose, etc.).

Diagnostic et Traitement. — Voyez ces points à l'article catarrhe chronique de notre Manuel. Il suffira de se rappeler qu'au mot dyspepsie il faut substituer gastrite chronique.

DYSPEPSIE

La dyspepsie n'est qu'un symptôme, consistant en *lenteur et difficulté de la digestion*, mais son importance clinique est telle que nous croyons devoir lui consacrer un article ici.

Etiologie. — On rencontre la dyspepsie dans :

A. *Les maladies de l'estomac* (gastrite alcoolique, cancer, ulcère), chez les individus dont le *fonctionnement stomacal est exagéré ou irrégulier*, chez les gens *épuisés par les fatigues physiques ou intellectuelles ;*

B. Les maladies du foie et du pancréas ;

C. Maladies utérines ;

D. Maladies générales dyscrasiques : anémie, chlorose ;

E. Les intoxications : alcoolisme, saturnisme ;

F. Les diathèses goutteuse et tuberculeuse ;

G. Les névroses (nervosisme, hystérie, hypocondrie).

Symptômes — Ils consistent en :

Modifications variables de l'appétit qui tantôt est augmenté jusqu'à la boulimie, tantôt diminué.

Douleur, pesanteur épigastriques surtout *pendant la digestion* qui est très pénible et provoque un *malaise général* avec *baillements, pandiculations, somnolence, ballonnement épigastrique* avec *renvois gazeux, éructations (dyspepsie flatulente).*

Chez quelques dyspeptiques, on observe après les *repas, des renvois acides, du pyrosis (dyspepsie acide).*

La régurgitation, les vomissements sont des phénomènes fréquents. On observe dans les vomissements que certaines matières, toujours les mêmes, sont rejetées, d'autres gardées : *l'estomac fait une sélection.*

Enfin il y a de *la dilatation stomacale.*

L'état général se ressent profondément de cet état dyspeptique : il y a anémie, amaigrissement, céphalalgies, migraines, vertige a *stomacho læso* prononcé surtout le matin quand le malade quitte le lit, hypochondrie.

Le *diagnostic* est facile ; il n'y a qu'un intérêt, la recherche de la cause.

ARTICLE IV

MALADIES DE L'INTESTIN

ARTICLE V

MALADIES DU PÉRITOINE

Nous n'apportons aucune modification à ces deux articles ; ils nous paraissent satisfaisants encore à l'époque actuelle.

ARTICLE VI

MALADIES DU FOIE ET DES VOIES BILIAIRES

Cet article contient successivement l'étude de la congestion hépatique, de l'hépatite suppurée, de l'ictère grave, de la cirrhose du foie ou hépatite interstitielle, du cancer du foie, des kystes hydatiques, de la dégénérescence amyloïde du foie, de l'ictère catarrhal, et des calculs biliaires.

Nous n'avons rien à reprendre à l'étude de la congestion, et de l'hépatite suppurée. L'ictère grave est bien exposé au point de vue symptomatique ; nous aurons seulement plus tard à exposer les idées qui ont cours à son sujet et qui ne sont plus celles qu'on trouve dans notre édition actuelle, mais ce n'est là qu'une question théorique que nous pouvons laisser de côté pour l'instant. Nous laissons également sans modification quant à présent le cancer du foie, la dégénérescence amyloïde, les kystes hydatiques et enfin l'ictère catarrhal.

Mais nous donnons une description nouvelle des cirrhoses, car il n'y a plus une cirrhose du foie, mais des cirrhoses, et nous complétons la description trop écourtée des accidents produits par les calculs biliaires ; à côté de la colique hépatique il est d'autres phénomènes des plus intéressants et qu'il importe de connaître : c'est à eux que nous consacrons ici quelques lignes.

CIRRHOSES DU FOIE

Laënnec a le premier fait mention de l'atrophie du foie entraînant l'ascite : le foie cirrhosé dont il est question dans une courte note du traité de l'Auscultation correspond à la cirrhose atrophique.

La sclérose ou cirrhose du foie est une lésion fréquente : on la rencontre dans les cas les plus divers, mais tantôt elle n'est *qu'un épisode d'une affection concomitante*, tantôt elle est ou paraît être *toute la maladie*.

Dans le premier groupe nous ferons rentrer la sclérose du foie *consécutive aux affections du cœur* (cirrhose cardiaque, foie cardiaque), et celle qui est consécutive à l'*obstruction chronique des voies biliaires*.

Le second groupe comprendra :

1° La *cirrhose atrophique vulgaire ;*

2° La *cirrhose hypertrophique avec ictère* que les recherches d'Ollivier (de Rouen), Hayem, Cornil et Hanot ont fait entrer définitivement dans les cadres nosologiques.

A côté de ces deux formes bien tranchées et bien étudiées, la clinique et l'anatomie pathologique montrent qu'il y a place pour d'autres variétés de cirrhose hépatique, mais c'est là encore une question trop obscure pour être exposée à l'heure actuelle.

3° Nous consacrerons enfin quelques lignes à une variété de sclérose hépatique très intéressante : la *syphilis hépatique*.

FOIE CARDIAQUE

Ce sont les *lésions mitrales* qui déterminent surtout dans le foie cette forme spéciale de cirrhose.

La prédisposition individuelle et avant tout l'*alcoolisme* joue un grand rôle dans la production de cette cirrhose qui peut ainsi suivant les cas *être très peu marquée dans des cas de lésion mitrale fort avancés*, ou au contraire *apparaître dès le début de la cardiopathie* et la dominer même parfois au point de vue clinique.

Anatomie pathologique. — A l'autopsie on trouve dans une *première période* le foie *congestionné, hypertrophié :* les lobules forment chacun *un îlot rouge au centre, grisâtre à la périphérie*, apparence connue sous le nom de *foie muscade*.

La rougeur centrale est due à la dilatation de la veine lobulaire centrale; la pâleur périphérique à l'anémie des cellules excentriques.

Dans une période plus avancée, le foie *s'indure, s'atrophie*. Sa surface devient granuleuse. Les cellules hépatiques du lobule situées au centre ont disparu comprimées par la veine centrale dilatée et sont remplacées par un tissu conjonctif de néo-formation qui se développe également à la périphérie du lobule.

Symptômes. — Les symptômes du foie cardiaque sont

ceux de la congestion passive : *douleur hépatique à la pression, sensation de pesanteur dans l'hypochondre droit, augmentation de la matité verticale, teinte subictérique.*

Plus tard quand la cirrhose est plus avancée, elle entre pour une part dans la production de l'ascite, et chez *certains individus alcooliques* quand la cirrhose hépatique cardiaque apparaît dès le début de la cardiopathie elle donne *lieu à une ascite précoce* qui sans l'examen du cœur pourrait induire en erreur et faire croire à une *cirrhose hépatique primitive.*

La **cirrhose hépatique** consécutive à *l'obstruction des voies biliaires* fait partie des accidents de la lithiase biliaire et sera étudiée avec ceux-ci.

CIRRHOSE ATROPHIQUE

Anatomie pathologique. — L'aspect microscopique du foie cirrhose est tout à fait typique. Il est d'une *coloration généralement jaune roux.* L'*atrophie* y est très marquée : le foie pèse souvent de 7 à 800 grammes au plus.

La surface est *granuleuse*, hérissée de *petites masses dures, mamelonnées* de couleur *rousse :* la grosseur de ces *grains* varie d'une tête d'épingle à un pois, une noisette (*foie clouté* des Anglais).

A la coupe le *tissu se déchire difficilement, crie* sous le scalpel et la *coupe* se parsème de *granulations saillantes* semblables à celles de la surface extérieure et s'énucléant facilement.

Le *microscope* fait mieux comprendre ce qu'est la cirrhose atrophique : c'est une *prolifération conjonctive aboutissant à un tissu fibreux qui enserre et atrophie les lobules hépatiques.*

Cette prolifération naît dans les espaces portes et les fissures, *enserre* d'abord en *bloc* un *certain nombre de lobules hépatiques* et forme *ainsi des granulations volumineuses*. Puis des tractus secondaires naissent à leur tour qui, dans la granulation primitive, isolent d'autres granulations plus petites, mais comprenant aussi plusieurs lobules : *jamais* le tissu conjonctif ne pénètre dans l'intérieur des lobules qu'il réunit dans un même anneau fibreux : ainsi se trouve justifiée la définition que Charcot a donnée de la cirrhose atrophique : *sclérose multilobulaire, annulaire, extra-lobulaire.*

Une injection poussée dans la veine porte ne passe pas dans le système des veines sus-hépatiques.

Quelques auteurs pensent que le processus morbide débute *dans le système porte* et en premier lieu *dans les rameaux veineux qui entourent tout un groupe de lobules, rameaux qui ont reçu le nom de prélobulaires*. La cirrhose atrophique serait donc une cirrhose d'origine porte (veineuse).

Lésions concomitantes. On constate le plus souvent de la *périhépatite*.

La rate se *tuméfie* et se *cirrhose ;* il est de plus ordinaire de trouver aussi de la *sclérose rénale :* il est bien probable que cette association dépend d'une même cause : l'*alcoolisme* qui entraîne simultanément la cirrhose de ces trois organes.

Enfin il y a des *varices œsophagiennes*, et une circulation collatérale abdominale très développée.

Etiologie.— La cirrhose atrophique ne reconnaît qu'une cause : l'*alcoolisme ;* c'est *le foie des buveurs* (gin drinkers'liver).

Symptômes. — Les malades atteints de cirrhose atrophique ont un faciès assez spécial, *amaigri, terreux avec couperose des pommettes.*

Les *troubles digestifs* sont accentués : ces malades sont des *dyspeptiques* et présentent tous les symptômes de cet état que nous avons étudié.

Les *urines* sont rares, brunes et laissent au refroidissement un dépôt *orangé* tout à fait caractéristique : elles ne sont pas *ictériques*.

L'*ascite* est un des symptômes capitaux de la cirrhose atrophique. Elle tient à l'étranglement des radicules portes dans le foie, mais en partie aussi à la périhépatite. Elle paraît être dans une certaine mesure en balancement avec le développement de la circulation sous-cutanée abdominale veineuse, *circulation supplémentaire*. Les veines ainsi anormalement développées forment sur la peau de l'abdomen du pubis à l'appendice xyphoïde, un réseau apparent, très marqué surtout autour de l'ombilic (tête de Méduse).

A la percussion on constate, si l'ascite le permet, l'*atrophie du foie*, et l'*hypertrophie de la rate*.

Les hémorrhagies sont fréquentes (épistaxis *surtout de la narine droite*, gastrorrhagie, hématémèse, melœna) et tiennent soit *aux varices* des veines intéressées, soit à la *dyscrasie*.

L'*ictère* fait défaut, caratère très important dans l'espèce.

La *terminaison* de la cirrhose atrophique est fatalement la mort soit par le progrès de la *cachexie*, soit par *complication* (péritonite, pleurésie, pneumonie, hémorrhagie).

Diagnostic. — Il est en général assez facile à la période d'état : le *développement du ventre* et l'*ascite* contrastant avec la maigreur des membres inférieurs, le *faciès terreux et variqueux*, l'*atrophie du foie* avec hypertrophie de la rate, le *caractère des urines* forment un ensemble assez caractéristique. La seule difficulté est le diagnostic avec la *péritonite tuberculeuse à forme ascitique.*

L'*ascite* est moins abondante dans la péritonite ; les hémorrhagies, la circulation collatérale, l'hypertrophie de la rate appartiennent surtout à la cirrhose. Enfin le sujet atteint de péritonite tuberculeuse a généralement des signes de tuberculose pulmonaire.

Traitement. — Il est purement palliatif et consiste en *toniques* et en *ponctions abdominales*, lorsque le développement excessif du ventre devient intolérable au malade.

CIRRHOSE HYPERTROPHIQUE AVEC ICTÈRE

Anatomie pathologique. — Le foie est considérablement *augmenté de volume*. Son poids peut aller jusqu'à 3,000 grammes. *Sa forme n'est pas modifiée, la surface est lisse.* A la coupe *il résiste :* le parenchyme présente une couleur *brun verdâtre*, il y a des *granulations mais peu saillantes* et par conséquent bien *différentes de celles de la cirrhose atrophique.*

La lésion primordiale de la cirrhose hypertrophique est une *sclérose conjonctive.*

Le tissu conjonctif est disposé en *îlots* qui *naissant dans les espaces portes s'agrandissent, circonscrivent un lobule hépatique et le dissocient :* c'est donc une cirrhose *mono-lobulaire*, *insulaire*, *intra-lobulaire* (Charcot).

L'origine de la cirrhose hypertrophique paraît être dans les canaux biliaires des espaces portes. *Ces canaux sont dilatés et forment un réseau flexueux anastomotique qui pénètre le lobule.*

On trouve également ici l'*hypertrophie* de la rate et de la *périhépatite.*

Symptômes. — Tout d'abord il y a une période insidieuse qui comprend surtout des *poussées hépatiques congestives*, fébriles ou non, avec *ictère* et *augmentation de volume du foie.*

Peu à peu l'ictère se constitue à l'état permanent et la maladie confirmée se traduit par :

1° L'*ictère*, constant, permanent, s'accentuant de temps à autre et arrivant à la *teinte brun olivâtre des ictères chroniques.*

Les *urines sont biliphéiques* on y décèle la présence du *pigment biliaire* par la réaction de l'acide nitrique ; l'urée y est diminuée.

2° L'*hypertrophie du foie* qui déborde largement les fausses côtes et a conservé sa forme.

Il y a également *hypertrophie de la rate* démontrée facilement par la percussion.

3° L'*absence d'ascite et de circulation collatérale* constituent de bons signes négatifs.

La *marche* de la cirrhose hypertrophique est essentiellement chronique.

La terminaison est *fatale* et amenée soit par l'*ictère grave*, soit par une poussée de *péritonite*, soit par des hémorrhagies (*épistaxis*, *purpura*, *hématémèse*, etc.).

Diagnostic. — Obscur au début, il *s'affirme plus tard par l'ensemble des symptômes* que nous avons énumérés.

Etiologie. — On sait encore peu de choses sur ce point. L'*alcoolisme* paraît avoir une influence certaine et peut-être aussi la lithiase biliaire.

SYPHILIS HÉPATIQUE

Anatomie pathologique. — La syphilis hépatique présente deux formes anatomiques principales qui coexistent souvent :

1° Hépatite scléreuse infiltrée ;

2° Hépatite nodulaire gommeuse.

Hépatite scléreuse infiltrée. — Chez les nouveau-nés c'est la forme qu'affecte la syphilis hépatique. Elle a été décrite par Gubler.

Le foie a gardé sa forme et son aspect lisse ; il est *dur, élastique,* d'une *teinte jaunâtre.* A la coupe on voit un certain nombre de *petites granulations blanchâtres,* qui ne sont autre chose que des gommes *microscopiques.*

Chez l'adulte le foie est *atrophié, bosselé, marronné, lobulé plutôt que granuleux.*

Dans les cas types les bords sont anfractueux, irréguliers, les faces sont bosselées, *labourées par des sillons irradiant du ligament suspenseur :* on a peint cette apparence en disant que le *foie est ficelé.*

Hépatite nodulaire gommeuse. — Elle est caractérisée par la présence de *gommes* à la surface ou dans la profondeur du foie ; ces gommes dépassent rarement le volume d'un pois ou d'une noisette. D'abord grisâtres et résistantes, elles se ramollissent à leur centre. Elles produisent à la surface du foie des *cicatrices étoilées.*

Symptômes. — La syphilis hépatique de l'adulte, *lésion de la période tertiaire,* est d'un diagnostic difficile.

Les sujets affectés de cette lésion présentent des symptômes de dyspepsie, de l'amaigrissement, de la diarrhée. Ils ont une *teinte subictérique.* L'œdème apparaît aux membres inférieurs, et à la période ultime l'*ascite* et la circulation collatérale s'établissent.

Le tableau est donc un peu celui de la cirrhose vulgaire et sans autres symptômes syphilitiques présents, il est difficile d'établir nettement le diagnostic.

Le traitement spécifique est sans influence sur cette lésion trop avancée pour céder.

ACCIDENTS DE LA LITHIASE BILIAIRE

Lorsque les calculs biliaires se sont formés dans la vésicule et qu'ils vont être rejetés au dehors avec la bile, leur migration, s'ils sont d'un certain volume, entraîne des accidents variables.

On peut diviser ces accidents de la façon suivante (Charcot, Mossé) :

1° *Migration du calcul par les voies naturelles* (canal cystique, cholédoque, duodénum) : colique hépatique.

2° *Arrêt du calcul en un point de ces voies :* Rétention biliaire avec ses accidents.

3° *Migration par les voies anormales :* Ruptures, perforations, fistules.

Nous ne reviendrons pas ici sur la colique hépatique décrite dans notre manuel ; nous exposerons seulement les accidents du second et du troisième groupes.

Arrêt du calcul. — Rétention biliaire. — A. Si le calcul s'arrête dans le *canal cystique* la vésicule biliaire, ne recevant plus de bile, deviendra le siège d'un curieux phénomène appelé hydropisie de la vésicule ; c'est-à-dire qu'elle sera distendue par un *liquide clair*.

B. Plus souvent le calcul s'arrête dans le *canal cholédoque*.

On voit alors survenir de ce fait une série de modifications pathologiques du foie : il y a d'abord *dilatation progressive des voies biliaires*, et *irritation de leur muqueuse* (angiocholite).

Puis l'irritation gagne le *tissu conjonctif voisin* et aboutit à la *cirrhose biliaire*.

Enfin les *abcès miliaires* se forment dans le foie et peuvent par leur réunion, aboutir à la formation d'un gros abcès hépatique.

a. *Dilatation des voies biliaires. — Tumeur biliaire.* — La dilatation porte sur les gros canaux et la vésicule.

Le cholédoque peut atteindre la dimension d'une anse intestinale ; la vésicule distendue forme tumeur.

Le foie est gros, d'une couleur olivâtre ; à la coupe il paraît comme caverneux et les orifices béants laissent échapper la bile en grande quantité.

b. *Cirrhose biliaire.* — Le foie est augmenté de volume, et dépasse les fausses côtes d'une étendue variable. Il est *dur*, mais lisse et régulier ; à la longue il s'atrophie. D'une couleur verdâtre il laisse à la coupe échapper une grande quantité de bile et renferme de petits foyers d'*apoplexie biliaire.*

La lésion porte sur le tissu conjonctif entourant les gros canaux, et sur le tissu conjonctif des espaces portes et des fissures entourant les lobules ; comme dans la cirrhose hypertrophique c'est une cirrhose périlobulaire et monolobulaire.

Les cellules hépatiques sont *pigmentées, altérées.*

Le *cœur* est frappé de myocardite.

La *rate* est augmentée de volume. Il y a de la *périhépatite*, de la *péritonite chronique*, des *varices œsophagiennes.*

Le *rein* altéré par le passage de la bile présente à la longue les caractères de la *néphrite.*

c. *Hépatite suppurée.* — Les abcès hépatiques se présentent dans la rétention biliaire sous *deux formes* : la première, plus fréquente, est l'abcès de petite dimension criblant le foie (abcès miliaire, pisiforme, lenticulaire). Plus rarement les abcès miliaires se réunissent pour former un vaste abcès.

Symptômes de la rétention biliaire. — Le symptôme capital est l'*ictère chronique, ictère foncé, vert olivâtre*, avec *ralentissement du pouls, décolora-*

tion des selles, troubles digestifs, xanthelasma, etc.

De temps à autre se montre une crise de *colique hépatique.*

Fièvre intermittente hépatique. — L'accès est semblable à celui de la fièvre intermittente paludéenne et comprend les trois stades de *frisson, chaleur, sueur.* Mais la fièvre intermittente hépatique *affecte rarement la régularité typique de la paludéenne,* les *accès sont surtout vespéraux* et le *taux de l'urée diminué par le fait de la lésion hépatique reste abaissé* contrairement à ce qui se passe dans la paludéenne.

La rate est *grosse;* il se produit des hémorrhagies diverses : gastriques, intestinales, nasales.

Le *cœur s'affaiblit,* les urines deviennent *albumineuses,* et contiennent *peu d'urée.*

Enfin l'ictère se fonce, la cachexie s'établit progressive, et la série d'accidents se termine le plus souvent par le *syndrôme de l'ictère grave,* ou un *état comateux.* La mort survient dans un délai variant de quelques mois à deux ans tout au plus.

La *guérison* peut s'observer quand l'occlusion vient à prendre fin, mais cette éventualité n'est pas fréquente.

C. *Migration du calcul par les voies anormales.* — Tantôt le calcul rompt d'emblée les parois du canal qui le contient (vésicule surtout) et tombe dans le péritoine, déterminant une péritonite suraiguë, tantôt il use peu à peu la paroi qui s'enflamme chroniquement, contracte des adhérences avec les organes voisins, et le calcul est ainsi conduit par un trajet fistuleux vers l'estomac, le duodénum, le colon ou la paroi abdominale.

LIVRE IV

MALADIES DE L'APPAREIL URINAIRE ET GÉNITAL

ARTICLE PREMIER

MALADIES DES REINS

Nous n'apporterons ici de modifications radicales qu'à l'étude des néphrites aiguës ou chroniques.

Des travaux récents, sans nous fixer encore d'une manière certaine sur la pathologie des néphrites, nous permettent cependant de concevoir de ces états morbides une idée qui ne répond plus à ce que nous avions exposé dans nos précédentes éditions.

Nous espérons que le lecteur pourra dans nos descriptions, que nous rendrons aussi claires que possible, se mettre au courant d'une question encore très obscure.

CONGESTION RÉNALE

On peut la diviser en :

1° Congestion passive ;

2° Congestion active.

Congestion passive. — Le type de la congestion passive est le *Rein cardiaque*, c'est-à-dire cette forme de congestion qui est déterminée par la stase du sang dans les veines rénales au cours des *maladies organiques du cœur non compensées*. On l'observe aussi dans les *maladies du poumon qui entravent la circulation cardiaque*. Les reins sont *volumineux, légè-*

rement indurés; la capsule se détache bien, la surface du rein est lisse, rouge sombre et les étoiles de Verheyen se détachent en teinte plus foncée encore. Sur une coupe les *deux substances apparaissent gorgées de sang.*

Les symptômes se réduisent à ceci : sécrétion urinaire diminuée, urines rouges, riches en urates, légèrement albumineuses.

Congestion active. — Il est bien difficile en l'état actuel de définir ce que c'est que la congestion active ; la plupart des faits qu'on a réunis sous ce titre correspondent plutôt à la néphrite aiguë que nous étudierons bientôt. Elle paraît ne reconnaître pour causes que les empoisonnements par substances médicamenteuses telles que *cantharides, térébenthine, etc.*, et les *vastes brûlures du tégument externe.* Elle se traduit par des troubles urinaires passagers, l'*albuminurie principalement.*

NÉPHRITES AIGUES

On admettait autrefois une *néphrite catharrale légère* et une *néphrite albumineuse* ou *parenchymateuse aiguë* plus grave, dont on faisait deux maladies distinctes croyant à tort qu'il s'agissait de deux maladies à localisations morbides différentes : dans la première, la lésion portait sur l'épithélium des tubes excréteurs, dans la seconde sur l'épithélium des tubuli contorti et des anses de Henle. Anatomiquement il n'y a qu'une néphrite aiguë dont les lésions diffèrent considérablement suivant les cas en étendue et en gravité mais répondent à un même type.

Etiologie. — Les néphrites aiguës sont: *a*) primitives, *b*) secondaires.

a) Le type de la néphrite primitive est la néphrite *a frigore.*

b) Néphrites secondaires.

1° Néphrites des pyrexies et des maladies infectieuses. *La néphrite scarlatineuse*, qu'il ne faut pas confondre avec l'albuminurie légère des premiers jours, apparaît pendant la convalescence vers le 15e jour.

On observe encore la néphrite aiguë dans la variole, la diphthérie, la fièvre typhoïde, etc.

2° Néphrites toxiques et médicamenteuses.

La néphrite cantharidienne est le type de ce groupe.

3° Néphrite de l'état puerpéral.

Symptômes. — Tantôt ils sont si légers que la néphrite passerait inaperçue si l'on ne songeait à examiner l'urine qui renferme de l'albumine.

Tantôt ils se traduisent par une albuminurie de peu de durée et des œdèmes localisés (paupières, scrotum, malléoles) et fugaces.

Tantôt enfin ils forment la *néphrite aiguë* grave que nous allons étudier.

Le *début* est ou brusque avec fièvre, *vomissements, douleur lombaire*, ou insidieux.

Urine. — Diminuée de quantité, 400 à 500 grammes au plus dans les 24 heures, parfois anurie complète.

L'urine est *albumineuse*, et contient une plus ou moins grande *quantité de sang*, ce qui lui donne une teinte rose ou rouge foncé. On y constate la présence des débris épithéliaux et *de cylindres.*

L'*œdème* se généralise (*anasarque*).

En même temps apparaissent *des épanchements dans les cavités séreuses* (hydrothorax, hydropéricarde, ascite).

L'*œdème de la glotte* est fréquent, et *parfois initial.*

Le malade est exposé aux diverses manifestations de *l'urémie* et surtout aux formes convulsive ou comateuse. On observe également l'*amblyopie* pouvant aller jusqu'à l'amaurose, cet accident est toujours passager.

Diagnostic. — Il est facile.

Pronostic. — Varie suivant la forme. La forme grave peut guérir, tuer en quelques jours ou passer à l'état chronique ; les autres sont bénignes.

Anatomie pathologique. — A un degré quelconque tous les éléments du rein sont touchés.

Les reins sont augmentés de volume, la capsule se détache facilement ; la substance corticale est congestionnée, rouge. Si la lésion est plus grave, le rein offre l'aspect d'un *gros rein blanc:* il est volumineux, gris jaunâtre, la substance corticale tuméfiée donne au rein son aspect et sa couleur.

Au microscope on constate les lésions suivantes :

a. Tubes collecteurs. — Gonflement, multiplication et desquamation de l'épithélium.

b. Glomérules. — Les capillaires sont dilatés ; un exsudat albumineux est épanché au sein de la capsule, il y a parfois hémorrhagie intra-glomérulaire.

Le tissu conjonctif interposé aux anses subit un développement embryonnaire.

c. Tubuli contorti, anses de Henle. — Les canalicules sont dilatés, opaques, l'épithélium est trouble, granuleux, tuméfié. Les cellules sécrètent une substance coagulable qui forme les cylindres.

d. Tissu conjonctif. — Il est infiltré de globules blancs, et commence à se multiplier.

Traitement. — Régime lacté. Purgatifs drastiques.

NÉPHRITES CHRONIQUES. — MAL DE BRIGHT

En 1827, Bright reconnaît pour la première fois la relation des œdèmes et de l'albuminurie avec des lésions rénales et donne la description d'une des grandes formes de l'altération rénale chronique : *le gros rein blanc lisse.*

Mais il s'en faut et de beaucoup que le *gros rein blanc* soit la seule forme pathologique liée au complexus clinique décrit par Bright : on rencontre encore un *gros rein blanc granuleux, un petit rein blanc lisse,* ou *granuleux* et *un petit rein rouge.* Les auteurs Rayer, Frerichs, etc., déclarèrent que c'étaient là des formes successives d'un seul et même processus. Cependant l'Ecole anglaise contestait cette unicité : elle vit que le rein contracté (petit rein rouge) différait du gros rein blanc non seulement au point de vue anatomique mais encore au point de vue clinique. Chez nous, Charcot adopta et vulgarisa cette opinion et la *dualité* de la maladie de Bright triompha.

Au *gros rein blanc* répondait :

1° Une étiologie spéciale : *a frigore,* ou *maladies consomptives ;*

2° Un processus anatomique nettement défini *s'attaquant à l'épithélium* des tubuli contorti et respectant le tissu interstitiel (néphrite parenchymateuse) ;

3° Un aspect clinique caractérisé par des *œdèmes* et *une albuminurie considérable.*

Au *petit rein rouge* répondait :

1° Comme étiologie : l'*alcoolisme,* la *goutte,* le *saturnisme ;*

2° Une prolifération interstitielle du tissu conjonctif (néphrite interstitielle).

3° Au point de vue clinique la *polyurie,* une *albumi-*

nurie passagère et peu marquée, enfin et surtout *l'hypertrophie cardiaque.*

Enfin, une troisième forme s'imposait pour compléter la série pathologique du mal de Bright : *le rein amyloïde* que nous étudierons à part.

Mais on ne tarda pas à reconnaître qu'aussi bien au point de vue anatomique qu'au point de vue clinique la distinction était loin d'être aussi tranchée entre ces formes.

A. Anatomiquement il y a dans le gros rein blanc, des lésions interstitielles ; de plus les *aboutissants du* gros rein blanc : *petit rein blanc, granuleux ou lisse,* ressemblent beaucoup histologiquement au petit rein rouge.

Le point de départ du petit rein rouge est une *altération épithéliale* qui engendre par sa présence l'irritation et la prolifération du tissu conjonctif (cirrhose viscérale épithéliale de Charcot).

B. Cliniquement certains symptômes attribués exclusivement à la néphrite interstitielle tels que l'hypertrophie cardiaque font aussi partie du tableau de la néphrite parenchymateuse.

A un moment donné le tableau de la néphrite interstitielle sous l'influence d'une poussée aiguë du côté de l'épithélium se transforme et reproduit le tableau de la néphrite parenchymateuse.

Ainsi donc il fallait en revenir à la doctrine uniciste. Le mal de Bright représente une vaste série : aux deux extrêmes sont : 1° la néphrite où dominent les lésions parenchymateuses (gros rein blanc), et 2° celle où dominent les lésions interstitielles (petit rein rouge).

Entre les deux, et de beaucoup les plus nombreuses sont les néphrites diffuses, ou mixtes dont la lésion et la clinique tiennent de l'une et de l'autre.

Mais après avoir établi l'unicité de la maladie de Bright, nous dirons que l'histoire des néphrites diffuses ou mixtes est encore bien obscure : nous décrirons donc seulement les deux formes *opposées* et le lecteur pourra facilement imaginer toutes les intermédiaires.

NÉPHRITE PARENCHYMATEUSE CHRONIQUE

Synonymie : Gros rein blanc lisse.

Anatomie pathologique. — On trouve à l'autopsie le rein *doublé de volume, blanc, nacré ou jaunâtre, à surface lisse*

A la coupe on constate que la *couche corticale* blanche a *doublé d'épaisseur*, et que la *couche médullaire* qui a gardé sa couleur rouge est au contraire *diminuée de volume.*

Le microscope fait reconnaître que les tubuli contorti sont dilatés, et que leurs cellules sont troubles, granulo-graisseuses et sécrètent un exsudat albumineux, coagulable qui va former les cylindres dans les tubes droits.

Il y a également des lésions interstitielles : épaississement fibreux des glomérules.

Des îlots jaunâtres peuvent se développer dans le gros rein blanc ; celui-ci peut s'atrophier partiellement et enfin dans sa totalité; delà les divers aspects de *gros rein blanc granuleux,* de *petit rein gras lisse, petit rein gras granuleux* qui sont les aboutissants du gros rein blanc lisse.

Etiologie. — Elle est obscure : le froid, l'humidité paraissent jouer un certain rôle ainsi que les maladies cachectisantes (phthisie, scrofule, syphilis, etc.).

Symptômes. — 1° *Altération des urines.* — Les urines sont *rares :* de 5 à 600 grammes par jour, troubles, à reflets verdâtres, mousseuses ; elles sont fortement *albumineuses.*

L'*urée* est diminuée : sa quantité varie de 15 à 20 grammes par jour.

Les *sédiments* consistent en débris épithéliaux et en *cylindres.*

2° *Anasarque.* — L'œdème est localisé tout d'abord ; il débute par les paupières le matin au réveil, puis se généralise ; souvent c'est l'*œdème glottique* avec ses accidents qui ouvre la série.

Avec l'anasarque apparaissent les épanchements dans les cavités séreuses (hydrothorax, ascite, etc.).

A ces deux symptômes capitaux viennent se joindre des phénomènes accessoires,tels que la dyspepsie, les vomissements, la diarrhée et des complications : *pneumonie secondaire hypostatique, érysipèle et gangrène des téguments, accidents urémiques.*

La mort survient soit par l'une des complications, soit par le fait de la cachexie progressive.

La *durée* est d'environ deux ans.

Le *diagnostic* est d'une façon générale assez facile.

La médication est sans aucun effet : le régime lacté soulage le malade, mais n'apporte aucun arrêt dans la marche des phénomènes.

NÉPHRITE INTERSTITIELLE

Synonymie : Rein contracté, petit rein rouge, rein goutteux, rein saturnin.

Etiologie. — Cette affection se rencontre surtout de 50 à 60 ans.

L'alcoolisme, le saturnisme, la goutte en sont des causes évidentes.

Anatomie pathologique. — Les reins *sont dimi-*

nués de volume d'une façon considérable parfois jusqu'à peser chacun à peine 50 grammes. Leur surface est *bosselée, granuleuse, rouge :* la capsule est adhérente et lorsqu'on l'enlève, elle *entraîne des fragments du parenchyme.*

A la surface dépouillée on voit des granulations miliaires jaunâtres.

La coupe met en évidence l'*atrophie corticale* considérable et la présence de *kystes* nombreux de volume très variable.

Histologiquement il s'agit d'une cirrhose, c'est-à-dire d'une sclérose du tissu conjonctif interstitiel mais il y a également altération de l'épithélium des tubuli contorti ; du reste l'altération de cet épithélium paraît avoir été la première en date, et avoir commandé la cirrhose.

Avec la néphrite interstitielle coexistent : l'*hypertrophie cardiaque* du ventricule gauche, une artério-sclérose généralisée le plus souvent, et la sclérose d'autres organes (foie, rate, poumon).

Symptômes. — *Urines.* — Un fait capital est la *polyurie* très marquée surtout la nuit : le malade rend au minimum deux litres par jour.

L'*albuminurie* est toujours peu intense, passagère, sauf lors des poussées parenchymateuses.

L'*urée* est toujours de quantité normale au moins, et souvent au delà.

Œdème. — Aussi peu marqué que l'albuminurie et également fugitif, sauf lorsque la forme parenchymateuse prend le dessus.

Cœur. — Le ventricule gauche est hypertrophié. Potain a décrit un *bruit de galop* caractéristique : il consiste en un bruit surajouté au premier temps.

Troubles digestifs. — *Polydipsie* en relation avec la polyurie.

Hémorrhagies. — Elles sont fréquentes et il faut citer en premier lieu l'hémorrhagie rétinienne et l'hémorrhagie cérébrale.

Inflammations viscérales. — *Péricardite, pleurésie, pneumonie, rétinite, bronchite.*

Durée. — La durée de la néphrite interstitielle est fort longue : son cours est traversé par des poussées aiguës d'albuminurie et d'œdème qui peuvent en modifier complètement l'aspect.

Le malade meurt par *asystolie*, ou *hémorrhagie cérébrale*, ou *accidents urémiques* qui sont surtout fréquents dans cette forme du mal de Bright.

Diagnostic. — Difficile au commencement il est facile quand le tableau se complète.

Nature de la néphrite interstitielle. — La néphrite interstitielle est-elle une maladie purement locale ? Cela paraît peu probable car on a vu combien d'autres cirrhoses coexistaient fréquemment. Pour Gull et Sutton c'est l'expression locale d'une altération généralisée des petits vaisseaux (artério-capillary-fibrosis). Pour Debove et Letulle elle est un des effets d'une diathèse fibreuse généralisée.

Traube rapportait l'hypertrophie cardiaque à la lésion rénale ; on tend aujourd'hui à voir dans ces deux lésions l'effet d'une même cause (Gull et Sutton, Debove et Letulle).

LIVRE V

MALADIES DE L'APPAREIL D'INNERVATION

ARTICLE PREMIER

MALADIES DES MÉNINGES

Nous accordons quelques lignes ici à la symptomatologie de la méningite tuberculeuse, trop écourtée dans l'édition actuelle, et nous laissons sans modification les autres articles.

SYMPTOMES DE LA MÉNINGITE TUBERCULEUSE

La méningite tuberculeuse n'éclate pas brusquement ; elle est le plus souvent précédée de prodrômes. La maladie confirmée peut être divisée en trois périodes.

Prodrômes. — Les plus importants consistent en : *changements dans le caractère de l'enfant :* il est triste, pleure sans motifs, maigrit, perd ses couleurs et son entrain. Les prodrômes peuvent durer plusieurs semaines.

1re période. — Elle est marquée par trois symptômes : la céphalalgie, les vomissements, la constipation.

Céphalalgie. — Elle est vive, frontale, continue avec redoublement, l'enfant pousse des cris aigus, il redoute la lumière, repousse les caresses, souvent il grince des dents, renverse la tête en arrière, est agité de mouvements convulsifs, de contractures, parmi lesquelles le strabisme est surtout fréquent.

Vomissements et constipation. — Les vomissements ont lieu sans nausées, à jeun, ils se reproduisent plusieurs fois par jour. La constipation est opiniâtre.

La *fièvre* est constante, elle offre le soir une exacerbation très marquée qui lui donne un type légèrement rémittent, la température ne dépasse guère 39°. Le pouls est irrégulier, un peu fréquent, il ne présente pas encore la lenteur si remarquable de la deuxième période. Cette période d'excitation, dont la durée varie de quelques heures à une ou deux semaines, est souvent suivie d'une rémission passagère qui donne aux parents un moment d'espoir constamment déçu.

2e *période.* — Ce qui la caractérise c'est l'*apyrexie.*

Le pouls est *inégal*, *lent* et *irrégulier*, il peut tomber à 60, 55, 50 et au-dessous. Le malade tombe dans la *somnolence* dont on le tire avec peine, et dans une indifférence absolue.

En même temps apparaissent trois symptômes importants :

a. Le cri hydrencéphalique, cri unique, violent, ressemblant, dit Trousseau, à la clameur d'un individu surpris par le danger.

b. La rétraction des parois abdominales, le ventre est en bateau.

c. L'irrégularité de la respiration avec pauses.

3e *période.* — *Le mouvement fébrile reparaît :* le pouls reprend une extrême fréquence et augmente jusqu'à la nuit.

La *stupeur* est absolue. Il y a des *convulsions* partielles ou généralisées.

Les paralysies apparaissent, essentiellement mobiles : strabisme paralytique, dilatation de la pupille, membres.

Les *convulsions* jouent un rôle considérable dans la 3e période : ce sont tantôt des *convulsions internes, tantôt des convulsions éclampliques :* d'abord le *visage grimace*, les yeux se renversent en haut, *la bouche mâchonne, le pouce se plie* dans la paume des mains.

Puis les accidents se généralisent et revêtent la forme de graves attaques d'éclampsie.

Un phénomène important à cette période, ce sont les *rémissions* presque complètes auxquelles il ne faut pas se laisser tromper.

La durée de l'affection est variable, mais ne dépasse guère vingt et un jours. La terminaison est à peu près constamment fatale.

ARTICLE II

MALADIES DE L'ENCÉPHALE

Notre édition future retranchera et refera complètement la description de l'encéphalite chronique, qui n'a plus de valeur aujourd'hui ; mais nous ne lui substituerons ici aucune autre description, car cette affection n'est pas d'une importance capitale pour un commençant.

L'étude de l'hémorrhagie cérébrale telle qu'elle est présentée dans notre Manuel, ne répond plus aux données scientifiques actuelles ; nous la remanions d'autant plus volontiers que cela nous permettra d'exposer élémentairement quelques notions de localisation cérébrale.

A l'étude du ramollissement cérébral (suffisante d'ailleurs dans notre Manuel), se rattache la question de l'aphasie, mais nous la réservons pour l'édition future.

HÉMORRHAGIE CÉRÉBRALE

Pathogénie et Etiologie. — La cause efficiente de l'hémorrhagie cérébrale est la rupture d'un *anévrysme miliaire.* On désigne sous ce nom la *dilatation anévrysmale d'une artériole cérébrale* se présentant sous l'aspect d'une getite granulation visible à l'œil nu ou à la loupe, de couleur rouge ou brunâtre. Toutes les artérioles cérébrales peuvent porter de semblables dilatations anévrysmales. Celles qui en sont le plus souvent atteintes *sont les branches de l'artère sylvienne destinées au corps strié* (*artères lenticulo-striées*).

L'anévrysme miliaire a la structure ordinaire des anévrysmes (Cornil et Ranvier) : il y a lésion des tuniques interne et externe qui se fusionnent par suite de l'atrophie de la tunique moyenne : il y a donc à la fois *périartérite* (Charcot) et *endartérite* (Zenker).

L'étiologie de l'hémorrhagie cérébrale comprend : 1° toutes les causes lointaines qui peuvent déterminer la production de l'anévrysme miliaire, et 2° les causes prochaines qui peuvent en déterminer la rupture :

1° Les anévrysmes miliaires appartiennent surtout à *l'âge avancé :* ils paraissent nettement *héréditaires :* l'*alcoolisme,* l'*intoxication saturnine*, la *goutte*, le *rhumatisme* ont une influence étiologique certaine.

2° L'anévrysme formé se rompra sous l'influence d'une tension sanguine exagérée soit d'une *manière habituelle* (hypertrophie cardiaque du mal de Bright), soit d'une façon *brusque et passagère :* impression subite du froid et effort, tel que *la défécation* ou le *coït chez les vieillards*.

Hémorrhagies dyscrasiques. — Dans quelques cas l'hémorrhagie cérébrale résulte d'un processus hémorrhagique général : c'est ce qu'on observe dans les *maladies typhoïdes*, la *pyémie*, l'*ictère grave*, le *purpura*, l'*hémophilie*, la *leucocythémie*, etc. Mais ces hémorrhagies d'une interprétation encore obscure sont l'exception : la règle est l'hémorrhagie par rupture d'anévrysme miliaire.

Anatomie pathologique. — Le foyer d'hémorrhagie cérébrale occupe de préférence certaines régions du cerveau.. Le siège le plus fréquent est *entre la capsule externe et le noyau extra-ventriculaire* du corps strié. Il y a là une *cavité virtuelle* dans laquelle rampent les branches lenticulo-striées de la sylvienne, cavité que le foyer hémorrhagique rend réelle. Plus rarement déjà le foyer occupe les *noyaux gris* (corps striés, couches optiques) ; exceptionnellement il siège dans les autres parties.

Lorsque le sang fait irruption dans la pulpe cérébrale, il s'y creuse un *foyer* par la destruction des éléments nerveux ; si la mort n'est pas immédiate, le sang épanché et les parois du foyer qui le renferment subissent une série de transformations. Aussi examinerons-nous : 1° l'état d'un foyer récent ; 2° la réparation de ces désordres ; 3° les lésions secondaires.

1° *Etat d'un foyer récent.* — Souvent il est unique et ses dimensions varient de celles d'un pois à celles du poing.

Le *sang* forme un caillot noirâtre et mou qui, d'abord compact, ne tarde pas à se séparer en deux parties, l'une solide, l'autre liquide ; celle-ci s'infiltre dans la pulpe nerveuse et la ramollit.

Les *parois du foyer* sont irrégulières, ramollies par l'infiltration sanguine qui les colore en rouge, jaune, etc., leur donne en un mot les diverses teintes de l'ecchymose. On peut, mais rarement, retrouver dans ces parois la petite artère ou l'anévrysme dont la rupture a occasionné l'hémorrhagie. Un filet d'eau bien dirigé détache le caillot et met en évidence l'irrégularité des parois du foyer.

2° *Période de réparation.* — Le travail réparateur commence très vite, il consiste dans l'absorption du sang épanché et la cicatrisation du foyer.

Le coagulum se ramollit, forme une bouillie noirâtre, puis fauve, jaune, dans laquelle on trouve des cristaux d'hématoïdine, des leucocytes, des granulations graisseuses, des globules rouges altérés. En même temps les *parois du foyer se recouvrent d'une fausse membrane conjonctive* qui sépare les tissus sains des parties mortifiées et enferme celles-ci dans un véritable kyste.

A mesure que la cavité se vide par la résorption du sang, la fausse membrane se rétracte, ses parois s'adossent, et il en résulte une *cicatrice* d'un brun jaunâtre dont les dimensions sont en rapport avec celles du foyer.

3° *Effets de voisinage. Lésions secondaires.* — Lorsque le foyer hémorrhagique siége au *lieu d'élection* et qu'il n'est pas considérable, il *évolue sans provoquer aucun effet de voisinage, aucune lésion secondaire*. Lorsqu'au contraire le sang s'est épanché en quantité assez considérable il refoule, comprime et anéantit les parties avoisinantes et la *capsule interne par conséquent :* la destruction de celle-ci deviendra l'origine de lésions secondaires *(dégénération secondaire)* que nous étudierons plus loin. Il en est de même des *foyers des noyaux gris*, mais de plus les foyers siégeant dans le *noyau caudé* et la *partie interne de la couche optique* peuvent faire irruption dans les ventricules, *complication rapidement mortelle.*

Dégénération secondaire. — Lorsque la capsule interne a été lésée et détruite en un point, il se produit un trait de *sclérose descendante* qui occupe la capsule interne au-dessous du point atteint, la partie moyenne de l'étage inférieur du pédoncule cérébral, se perd dans la protubérance et reparaît dans la pyramide antérieure du bulbe. Au collet du bulbe le faisceau dégénéré passe du *côté opposé* et descend dans les cordons latéraux jusqu'à la moelle lombaire où il s'arrête. Ce cordon de sclérose est dur et tranche par sa couleur grise sur les parties blanches qui l'entourent : la lésion histologique est un développement exagéré de tissu conjonctif qui entoure les tubes nerveux et les atrophie.

Les fibres nerveuses rassemblées en cordon qui dégénèrent ainsi sont les fibres *du faisceau pyramidal* qui part de l'écorce cérébrale traverse la capsule interne et *porte à la moelle*, en suivant le trajet que nous avons indiqué, *les incitations motrices :* c'est le grand faisceau excito-moteur qui unit le cerveau à la moelle et porte à celle-ci les ordres moteurs de celui-là. Cette dégénération secondaire est extrêmement intéressante au point de vue clinique : nous verrons qu'il est tout un groupe de symptômes qu'on doit lui rapporter.

Symptômes.— Nous diviserons l'étude symptomatique de l'hémorrhagie cérébrale en trois périodes :

1° Période de début ;

2° Période d'état ou période paralytique ;

3° Période tardive.

Période de début.— L'hémorrhagie cérébrale débute de deux façons :

a) Sans ictus apoplectique.

b) Avec apoplexie.

Dans le premier cas, tantôt le malade à son réveil s'aperçoit qu'il est paralysé d'un côté, tantôt il assiste en pleine connaissance à l'établissement de sa paralysie.

Apoplexie. — L'apoplexie est *l'abolition subite de toute manifestation motrice sensitive et intellectuelle résultant de l'altération spontanée d'un ou plusieurs points du cerveau : deux fonctions subsistent seules : la circulation et la respiration.* L'apoplexie fait donc aussi partie symptomatique de lésions cérébrales autres que l'hémorrhagie ; mais nous allons l'étudier ici une fois pour toutes.

Le malade a perdu connaissance, il est dans la résolution musculaire générale, les jambes abandonnées dans le lit, les bras étendus le long du corps. *Toute sensibilité est abolie; les mouvements reflexes* ont disparu. Le malade perd ses urines et ses matières fécales dans le lit. La face est turgescente, congestionnée, bleuâtre, cyanosée avec écume buccale. La respiration est bruyante, stertoreuse.

On peut dès cette période apoplectique reconnaître de quel côté siège la paralysie qui existe dès le début de l'ictus dans l'hémorrhagie cérébrale : on se guide sur les symptômes suivants :

1° Déviation conjuguée de la tête et des yeux. — L'apoplectique hémiplégique a la tête et les yeux invinciblement tournés vers un côté, et ce côté est celui de sa lésion, opposé par conséquent à l'hémiplégie. Lorsqu'on a ramené la tête dans la position droite et qu'on vient à l'abandonner à elle-même elle reprend sa position déviée. Vulpian et Prévost ont nettement établi que *dans les lésions des hémisphères cérébraux le sens de la déviation indique le côté de la lésion.*

2° Tous les membres sont il est vrai dans la résolution musculaire, mais si on soulève tour à tour l'un et l'autre bras et l'une et l'autre jambe on voit que *d'un côté les membres retombent brusquement et comme une masse, tandis que du côté opposé les membres retombent plus lentement et moins brusquement.*

A la face la joue paralysée se soulève et s'affaisse alternativement à chaque mouvement respiratoire : le malade *fume la pipe* du côté paralysé.

Lorsque le foyer hémorrhagique fait irruption dans les ventricules on observe pendant la période apoplectique des *convulsions* et des *contractures* tantôt limitées au côté paralysé, tantôt généralisées : ce sont là les *convulsions et les contractures dites précoces* du plus fâcheux pronostic.

L'apoplectique est exposé aux congestions viscérales, bâtardes, telles que *pneumonie hypostatique, broncho-pneumonie* qui peuvent contribuer à hâter la terminaison fatale.

Enfin, dans les cas de haute gravité on voit survenir un

symptôme d'un pronostic absolument mauvais : c'est le *décubitus acutus*. Au bout de quelques heures apparaît *au milieu de la fesse paralysée* une plaque érythémateuse. Bientôt cette plaque se couvre de bulles, indice de l'escharification prochaine, et les tissus mortifiés se détachent mettant à nu de vastes surfaces. *La mort survient dans presque tous les cas où paraît le décubitus acutus.*

La marche de la température est des plus importantes au point de vue pronostique dans l'ictus apoplectique. Tout d'abord la température centrale s'abaisse, le thermomètre marque 36 et même 35 1/2 degrés : le malade est algide.

Puis la température se relève, atteint la moyenne normale, oscillant autour d'elle, mais ne la dépassant pas si le malade doit guérir. Enfin, dans les cas mortels elle monte rapidement à 40°, 41° en même temps que la respiration s'accélère jusqu'à 160 mouvements par minute et plus.

Si le malade survit à cette période, l'ictus apoplectique se dissipe et il entre dans la

Période d'état ou paralytique. — Le symptôme dominant de cette période est l'*hémiplégie motrice* qu'il faut étudier à la face et aux membres. *L'hémiplégie siège du côté opposé à la lésion* tant à la face qu'aux membres : *si donc la lésion cérébrale est dans l'hémisphère gauche, il y aura paralysie à droite de la face et des membres* et inversement.

Il n'existe qu'un cas où la face est paralysée du côté opposé aux membres (hémiplégie alterne de Gubler) : c'est lorsque la lésion siège dans la *protubérance ou le bulbe.*

Face. — La joue paralysée est flasque ; la bouche est déviée c'est-à-dire que *la commissure labiale se porte*

en haut et en dehors vers le côté sain : ce qui s'explique par la traction qu'exercent les muscles du côté sain, traction qui n'est plus compensée.

La langue, lorsqu'on la fait tirer, se porte du côté paralysé, à cause de l'action du génioglosse sain.

Un caractère très important de cette paralysie faciale dans l'hémorrhagie cérébrale et dans les lésions semblables c'est *l'intégrité de l'orbiculaire des paupières* dont le jeu reste intact ; au contraire dans la paralysie faciale à frigore ou traumatique, en un mot dans la *paralysie faciale périphérique*, l'orbiculaire des paupières est paralysé : *le malade ne peut fermer l'œil du côté paralysé.*

Membres — La paralysie est complète au membre supérieur, incomplète au membre inférieur qui peut exécuter quelques mouvements dans le lit.

En règle générale, tous les muscles dont les mouvements sont associés, c'est-à-dire qui ne peuvent produire un *mouvement qu'en se contractant avec leurs symétriques* (diaphragme, intercostaux, muscles abdominaux, etc.), *échappent à la paralysie.*

Le plus souvent à l'hémiplégie motrice, il ne se joint aucun trouble de la sensibilité, mais parfois on constate l'anesthésie du côté paralysé, c'est-à-dire l'*hémianesthésie*. Cette hémianesthésie dite cérébrale et qui a un tableau clinique tout à fait caractéristique, indique *une lésion* (de nature variable bien entendu, ici il s'agit d'un foyer hémorrhagique), ayant touché *la partie postérieure de la capsule interne.*

Hémianesthésie cérébrale. — Elle se caractérise par une *insensibilité complète de tout le côté paralysé jusqu'à la ligne médiane.* Cette insensibilité porte sur tous les modes : le malade ne sent ni le *contact*, ni la *douleur*, ni le *froid ou le chaud.*

Le sens musculaire est affaibli ou aboli même.

Il y a anesthésie des muqueuses : la bouche, la langue, le voile du palais sont du côté paralysé anesthésiés jusqu'à la ligne médiane : la conjonctive de l'œil du côté paralysé est anesthésiée, mais la *cornée reste sensible.*

Tous *les sens sont atteints* à un degré variable du côté paralysé.

L'ouïe, l'odorat, le goût sont affaiblis ou abolis.

Il y a affaiblissement de la vue portant :

1° Sur l'acuité visuelle qui est affaiblie.

2° Sur le champ visuel qui est retréci. Il y a en même temps dyschromatopsie : certaines couleurs cessent d'être perçues, et d'abord le violet puis le vert : le bleu persiste le dernier, et lorsqu'il a disparu, *tous les objets sont vus sous une teinte sépia uniforme.*

L'hémianesthésie, ainsi définie, ne se rencontre en dehors de quelques cas rares de lésion cérébrale en foyer que dans le saturnisme avec hémiplégie, et dans l'hystérie avec ou sans hémiplégie. Elle indique, dans les lésions cérébrales, que la partie postérieure de la capsule interne a été touchée.

La seconde période de l'hémorrhagie cérébrale s'accompagne parfois de *troubles trophiques*, tels que le *décubitus acutus* que nous avons déjà décrit et les *arthropathies.*

L'*arthropathie* des hémiplégiques est un phénomène tardif, confinant à la troisième période. Elle atteint surtout l'épaule, puis le coude, le poignet, etc. Tantôt le début est aigu, à la façon d'une arthrite aiguë (douleur, rougeur, tuméfaction), tantôt et plus souvent il est subaigu. Il s'agit *anatomiquement* d'une synovite subaiguë végétante avec épanchement intra-articulaire.

Le malade peut succomber dans cette seconde période, soit au décubitus acutus, soit à quelque complication pulmonaire. Il peut aussi guérir. Dans le cas contraire, il arrive à la *période tardive.*

Période tardive. — Deux cas se présentent ici : ou *l'hémiplégie reste flaccide* ou *la contracture apparaît dans les membres paralysés.*

La *contracture* est un phénomène des plus importants, et *elle est liée aux dégénérations secondaires, cérébrales et médullaires*, suite de la lésion de la capsule interne, ainsi que nous l'avons dit à l'anatomie pathologique.

La contracture des vieux hémiplégiques présente *deux types principaux* au membre supérieur qui est toujours le premier et le plus fortement atteint :

1° Flexion ;

2° Extension.

Type de flexion. — Tous les téguments du membre supérieur sont fléchis les uns sur les autres : les *doigts* sont recourbés dans la paume de la main qu'ils ulcèrent si on n'y prend garde ; l'*avant-bras* est fléchi à angle droit sur *le bras* qui est appliqué au tronc.

Dans le *type d'extension*, seule la position de l'avant-bras varie : celui-ci est *étendu* sur le bras.

Au membre inférieur, le type général est le *type d'extension :* tous les segments sont en extension forcée les uns sur les autres.

La mort est l'aboutissant fatal de cette période tardive, soit par *complication pulmonaire* (pneumonie bâtarde), soit par *eschares multiples* aux points sur lesquels porte la pression du lit, soit par *une attaque nouvelle* qui vient traverser le cours de l'affection ancienne et chronique.

Diagnostic. — Il se pose : 1° A la période apoplectique ;

2° A la période paralytique.

Diagnostic à la période apoplectique :

a) Avec le ramollissement cérébral de forme embolique. Voyez notre Manuel.

b) Avec l'hémorrhagie méningée. — Le tableau est à peu près semblable, mais les symptômes sont diffus dans l'hémorrhagie méningée : il n'y a pas de paralysie localisée, mais plus souvent des contractures et des convulsions.

c) La congestion cérébrale simple. — Il n'y a pas de paralysie.

d) L'encéphalopathie saturnine et urémique ont leurs commémoratifs et certains signes spéciaux (albuminurie, liséré saturnin, etc.),

e) Les attaques apoplectiformes qui traversent le cours de la paralysie générale et de la sclérose en plaques ont leurs commémoratifs tout à fait caractéristiques.

Diagnostic à la période paralytique. — Nous retrouvons ici le ramollissement cérébral (voyez notre Manuel).

L'hémiplégie hystérique. — Elle s'accompagne le plus souvent d'hémianesthésie, ce qui doit éveiller l'attention, et puis il y a d'autres signes caractéristiques.

L'hémiplégie par tumeurs cérébrales a été précédée ou est accompagnée de vomissements, de céphalalgie, de convulsions épileptiformes et de paralysies des nerfs crâniens, la troisième et la sixième paire surtout.

Enfin, il faut faire le *diagnostic du siège*, ce qui emporte le *pronostic*.

Les *contractures et convulsions précoces* impliquent l'atteinte des ventricules et entraînent un pronostic fatal.

La rapide amélioration des symptômes, la disparition de l'hémiplégie indiquent que la capsule interne n'a pas été touchée : *il est probable alors que le foyer siège au lieu d'élection et n'est pas considérable.*

La contracture tardive indique que la capsule interne est intéressée soit directement, soit indirectement.

ARTICLE III

MALADIES DE LA MOELLE

Voici la partie qui devait subir le plus de changements. Nous donnons une description élémentaire nouvelle de presque toutes les affections médullaires, et nous terminons par l'étude sommaire de la paralysie générale, dont la description ne répond pas dans notre édition actuelle à l'idée qu'on doit se faire de cette affection.

MALADIES DE LA MOELLE ÉPINIÈRE

Au point de vue anatomo-pathologique la moelle se divise en plusieurs régions distinctes dont les lésions se marquent par un groupe de symptômes spéciaux.

Ces régions sont :

1° Les cornes grises antérieures ;

2° Les cordons latéraux et tout spécialement une partie de ces cordons connue sous le nom de faisceaux pyramidaux ;

3° Les cordons postérieurs : ceux-ci se divisent en deux parties, l'une de minime importance au point de vue pathologique, petite, triangulaire, confine à la scissure médiane postérieure : c'est le faisceau postéro-interne de la moelle ou cordon de Goll : l'autre plus large, touche les racines postérieures : c'est le faisceau postéro-externe ou faisceau de Burdach dont l'importance est capitale dans la pathologie médullaire.

Les lésions qui peuvent atteindre la moelle tantôt se cantonnent dans une des régions que nous avons indiquées et elles reçoivent alors le nom de *myélites systématiques*, tantôt elles atteignent tous les départements médullaires, et ce sont alors des *myélites diffuses*.

MYÉLITES SYSTÉMATIQUES

Lésions des cornes grises antérieures. — Polio-myélites antérieures.

Les cornes grises antérieures ou pour mieux dire les grosses cellules des cornes grises antérieures tiennent sous leur dépendance la nutrition des muscles. Les lésions des cornes grises se caractériseront donc par un symptôme majeur : *l'atrophie de la région musculaire que tient sous sa dépendance la partie malade.*

Les lésions des cornes antérieures sont :

1° Primitives ;

2° Secondaires à quelque altération d'une région médullaire voisine.

LÉSIONS PRIMITIVES DE LA CORNE GRISE ANTÉRIEURE

1° *Aiguës* { Paralysie infantile. Paralysie spinale aiguë de l'adulte. } Polio-myélites antérieures aiguës.

2° *Subaiguës :* Paralysie générale spinale antérieure subaiguë.

3° *Chroniques :* Atrophie musculaire progressive.

PARALYSIE INFANTILE

On peut diviser son *évolution* en quatre périodes :

1° Début. — En pleine santé l'enfant est pris *de fièvre*, et *quelquefois de convulsions*. Cet état dure un ou deux jours puis survient la paralysie ;

2° *La paralysie atteint d'emblée son maximum d'intensité :* tantôt *elle frappe les quatre membres*, ailleurs elle est *paraplégique*. La monoplégie, l'hémiplégie sont rares.

Il y a intégrité absolue de la sensibilité.

Dès le septième ou huitième jour la contractilité faradique disparaît de certains groupes musculaires d'une façon définitive. Ce sont les groupes sur lesquels portera une atrophie irréparable.

3° *La paralysie rétrocède,* quitte un certain nombre de muscles et se localise sur certains groupes de muscles ou certains muscles (du deuxième au sixième mois). Les muscles frappés de préférence sont, pour le membre inférieur, les muscles du *groupe antéro-externe de la jambe* (jambier antérieur, extenseurs des orteils), puis les *péroniers,* les *jumeaux* et le *deltoïde* au membre supérieur.

4° Ces muscles *s'atrophient* alors et leur atrophie amène *des déformations ou attitudes vicieuses du membre, par action non compensée des antagonistes restés sains.* Quelques-unes de ces attitudes vicieuses sont éminemment caractéristiques de la paralysie infantile, tel est le *pied bot équin varus ou valgus.* En outre, les *os* du membre atteint sont *frappés d'arrêt de développement,* ce qui entraîne un raccourcissement du membre affecté, et ce membre est dans un état de *refroidissement permanent* comparé au membre sain.

Etiologie. — On ne sait rien de l'étiologie. La paralysie infantile frappe les enfants de un à trois ans surtout.

Le **pronostic** n'est pas grave *quoad vitam ;* il est grave à cause des lésions permanentes qui succèdent à la paralysie, et font des malheureux atteints ainsi dans le jeune âge des infirmes pour la vie.

Le **diagnostic** facile en général se fonde sur la *période fébrile de courte durée suivie d'une para-*

lysie qui d'abord très étendue, *rétrocède*, se *localise* et s'accompagne de l'atrophie des muscles sur lesquels elle s'est cantonnée.

Anatomie pathologique. — C'est l'inflammation aiguë des cellules motrices des cornes antérieures des renflements lombaire et cervical.

Il y atrophie des racines antérieures des nerfs sortant à ce niveau et atrophie musculaire.

Traitement. — Il est nul et d'une façon générale on doit en dire autant dans toutes les maladies de la moelle.

PARALYSIE SPINALE AIGUE DE L'ADULTE

Elle reproduit trait pour trait les symptômes et les lésions de la paralysie infantile. Il est bien évident seulement qu'on n'observera pas à la dernière période l'arrêt de développement du membre frappé. De même les difformités consécutives sont rares.

PARALYSIE GÉNÉRALE SPINALE ANTÉRIEURE SUBAIGUE

C'est une maladie extrêmement rare qui ne se développe guère que chez l'adulte.

Les autopsies sont peu nombreuses : elles ont permis d'établir qu'il s'agit *d'une inflammation chronique des cornes antérieures et de la destruction lente de leurs cellules*.

Etiologie. — Obscure, rien de certain.

Symptômes. — Le premier symptôme est *la faiblesse musculaire qui augmente peu à peu jusqu'à l'impuissance*. Elle frappe les membres inférieurs d'abord, et de bas en haut les muscles de la jambe, ceux de la cuisse, et enfin de la hanche.

La sensibilité est intacte : les *réflexes sont abolis*, puis survient, après la paralysie, l'*atrophie musculaire*. Il faut des mois, des années pour que les troubles de la motilité atteignent leur acmé.

Après les membres inférieurs les *membres supérieurs sont atteints* et de bas en haut également.

Tantôt *les choses en restent là ;* tantôt le *bulbe est atteint* et la scène se termine par le syndrôme *de la paralysie labio-glosso-laryngée*. Tantôt enfin les symptômes s'amendent *et une guérison relative* survient dans l'ordre inverse.

ATROPHIE MUSCULAIRE PROGRESSIVE

Etiologie. — Nous ignorons les causes de cette maladie. Tout ce qu'on sait, c'est qu'elle frappe souvent les membres d'une même famille et qu'elle est plus fréquente chez l'homme adulte que chez la femme. Elle n'épargne pas l'enfance.

Anatomie pathologique. — 1° *Muscles*. Ils sont frappés *d'atrophie simple*, parfois avec développement du tissu conjonctif interstitiel et adipose interstitielle qui peut contribuer à masquer l'atrophie.

2° *Système nerveux*. — Les racines antérieures sont atrophiées et forment à leur émergence un bouquet grêle (Cruveilhier).

3° Mais la lésion capitale siège plus haut encore, c'est l'*atrophie des cellules motrices des cornes antérieures* (atrophie scléreuse, atrophie pigmentaire).

Symptômes. — Le signe capital *est l'atrophie des masses musculaires* qui s'accentue lentement : *les saillies s'aplatissent*, puis il y a un creux véritable : *il y a de la peau de trop*.

A cette atrophie lente correspond *une impuissance*

motrice qui augmente d'autant : le muscle fonctionne chaque jour plus difficilement jusqu'à ce que l'atrophie soit complète : alors tout mouvement cesse dans le muscle.

La contractilité faradique persiste tant qu'il y a une fibre intacte dans le muscle (Duchenne).

La sensibilité est intacte.

Les muscles en voie d'atrophie sont secoués de temps à autre par *des contractions fibrillaires* qui *soulèvent la peau à la façon de petites cordes sous cutanées.*

Les atrophies sont symétriques.

Marche. — Le début a lieu de préférence chez l'adulte par le membre supérieur et en particulier par l'éminence thénar qui s'aplatit. Le premier métacarpien se rapproche du second, se met sur le même plan et cesse d'être opposable *(main de singe) ;* la destruction des interosseux entraîne une *déformation très caractéristique, une sorte de griffe constituée* de la façon suivante : *extension des premières phalanges sur le métacarpe ; flexion des deuxièmes sur les premières et des phalangettes sur les phalangines.* De plus la charpente osseuse de la main apparaît nettement sous la peau (*main en griffe*).

De la main les lésions s'étendent *en montant,* mais le plus souvent, l'envahissement est diffus sans ordre réglé.

L'avant-bras peut être décharné complètement ainsi que le bras et le squelette osseux apparaît alors sous la peau.

L'*atrophie du deltoïde* laisse apparaître les saillies osseuses de l'articulation scapulo-humérale, et donne lieu à la production d'un méplat sous-acromial.

Le trapèze disparaît *dans sa portion inférieure* et le bord spinal de l'omoplate se dessine sous la peau.

Les premières côtes viennent faire saillie sous-cutanée par suite *de l'atrophie des pectoraux*, et l'*atrophie du grand dentelé* écarte le scapulum du thorax à la manière d'un aile.

Les extenseurs et les fléchisseurs du tronc sont pris alors et le malade tendant à perdre son centre de gravité incurve, pour y remédier, sa colonne vertébrale.

Enfin la maladie continuant son cours on voit apparaître deux groupes de symptômes d'une haute gravité.

1° *La paralysie des muscles respiratoires, diaphragme et intercostaux* qui compromet au plus haut degré la fonction respiratoire, exposant le malade soit à des crises asphyxiques, soit à la mort à propos de la moindre complication thoracique (bronchite).

2° *La paralysie des muscles de la langue, des lèvres, du palais et du larynx :* c'est le syndrôme de la paralysie labio-glosso-laryngée que nous étudierons à part ; il est un signe certain que le bulbe est envahi et emporte un pronostic fatal.

Les membres inférieurs restent généralement intacts quand la maladie débute ainsi par les membres supérieurs et marche s'étendant vers le tronc.

Chez les enfants l'atrophie musculaire progressive débute d'une façon spéciale : par l'*orbiculaire des lèvres*, puis gagne les membres supérieurs après être restée longtemps localisée à la face.

Cette paralysie de l'orbiculaire des lèvres se marque par un faciès spécial : *masque hébêté, arrondi, traits effacés, pas de sillon labio-nasal, impossibilité de prononcer les labiales, de souffler ou de rire.*

Terminaisons. — Le malade meurt d'*inanitiation progressive ;* ou bien est emporté *par sa paralysie diaphragmatique* ou l'*extension de la maladie au bulbe* (paralysie labio-glosso-laryngée).

Durée. — Maladie essentiellement chronique durant dix, quinze et vingt ans.

Pronostic. — Fatal.

Diagnostic. — Des plus simples ; il n'est aucune maladie qui reproduise ce tableau.

Traitement. — Nul.

LÉSIONS SECONDAIRES DE LA CORNE ANTÉRIEURE

La corne grise antérieure se prend secondairement :

1° Dans les affections du cordon latéral ;

2° Dans les affections du cordon postérieur.

1° *Affections du cordon latéral.* — Lorsque l'affection du cordon latéral est primitive et qu'elle se complique d'altération de la corne grise antérieure on a l'affection connue sous le nom de sclérose latérale amyotrophique (voyez plus loin).

Lorsque l'affection du cordon latéral est elle-même secondaire (sclérose descendante, dégénération secondaire), au symptôme prédominant, la *contracture, viennent s'ajouter* par le fait de l'atteinte portée à la corne antérieure *des atrophies musculaires :* c'est ce qu'on voit par exemple chez les anciens hémiplégiques contracturés : l'affection cérébrale a déterminé une sclérose descendante du cordon latéral qui s'est traduite par la contracture permanente s'emparant du membre hémiplégié, et à son tour l'affection du cordon latéral retentissant sur les cornes antérieures on a en quelques points des atrophies musculaires surajoutées à la contracture.

2° *Affections du cordon postérieur.* — Il s'agit ici de l'ataxie locomotrice dans laquelle on peut voir en effet des atrophies musculaires, quoique le fait soit rare.

PARALYSIE PSEUDO-HYPERTROPHIQUE

Nous plaçons ici la paralysie pseudo-hypertrophique, bien qu'il ne *soit nullement démontré qu'elle est une maladie de la moelle.*

C'est une maladie des premiers temps de la vie, *débutant en général avant la dixième année*, et *presqu'exclusivement chez les enfants du sexe masculin.* Elle est caractérisée suivant Duchenne :

1° Par un affaiblissement des mouvements, débutant par les membres inférieurs et les muscles lombaires, s'étendant progressivement aux membres supérieurs, et s'aggravant jusqu'à l'abolition des mouvements.

2° Par l'augmentation du volume de la plupart des muscles ainsi parésiés.

3° Par l'hyperplasie du tissu fibro-adipeux interstitiel, dont l'augmentation masque l'atrophie de la fibre musculaire.

Symptômes et marche. — Duchenne décrit trois périodes à cette affection :

Première période. — Elle dure quelques mois à un an et se caractérise par un affaiblissement limité aux muscles moteurs des membres inférieurs et par *certains troubles très caractéristiques de l'attitude dans la station et de la démarche.*

Attitude dans la station. — Les jambes sont écartées, de manière à élargir autant que possible la base de sustentation ; il y a ensellure lombaire très marquée ; les mains étendues sur les côtés servent à maintenir un équilibre tellement instable que souvent le moindre attouchement suffit à jeter le malade à terre.

Démarche. — Il y a un dandinement très évident pendant la déambulation ; le malade garde d'ailleurs l'attitude ci-dessus décrite. Il éprouve les plus grandes difficultés à passer de la position horizontale ou assise à la station verticale.

Deuxième période. — C'est la période d'hypertrophie apparente qui, le plus souvent, débute quelques mois à un an, après l'établissement de la première période. Ce sont les jumeaux qui, les premiers, augmentent de volume d'une façon très caractérisée. Les fessiers et les muscles de la masse sacro-lombaire s'hypertrophient le plus souvent aussi, et l'hypertrophie de ces trois groupes de muscles forme un ensemble très spécial. Puis, l'augmentation de volume s'étend à tous les muscles affaiblis ou à quelques-uns seulement d'entre eux : dans l'espace d'un an à un an et demi, l'augmentation de volume arrive à son maximum, et le petit malade reste alors dans cet état deux à trois ans et plus.

La *troisième période* se marque par l'extension de la parésie aux membres supérieurs qui, graduellement, perdent tous leurs mouvements. *Mais les muscles ici restent grêles ;* le malade, impuissant de la totalité de son système musculaire, prend le lit et succombe à l'épuisement ou est emporté par une maladie intercurrente.

La paralysie pseudo-hypertrophique n'a *pas d'anatomie pathologique certaine* en dehors des lésions musculaires signalées plus haut. Les lésions médullaires qu'on y a décrites sont variées et inconstantes.

Lésions des cordons latéraux

Elles portent sur cette partie des cordons latéraux que l'on connaît sous le nom de *faisceau pyramidal.* Le faisceau pyramidal contient toutes les fibres conductrices de l'incitation motrice qui vont du cerveau à la moelle. Ce faisceau, né de divers points de l'écorce cébrale, se rassemble au cerveau en un tractus, situé d'abord dans la capsule interne, puis dans le pédoncule cérébral, siège au bulbe dans les pyramides antérieures, se place dans la moelle (après entre-croisement au collet du bulbe), dans les cordons latéraux, et descend ainsi de la région cervicale à la région lombaire.

Les *lésions systématiques* qui atteignent les faisceaux pyramidaux à la moelle sont toutes des lésions de sclérose.

Elles sont : 1° primitives ; 2° secondaires.

1° Les lésions systématiques primitives ou scléroses primitives du faisceau pyramidal *pures, c'est-à-dire dégagées de toute autre association* sont encore hypothétiques. Erb a décrit sous le nom de *Tabes dorsal spasmodique* la sclérose latérale primitive.

Au contraire, la sclérose primitive du faisceau pyramidal associée à l'atrophie des cornes grises antérieures, forme une affection très bien définie, étudiée par Charcot : *la sclérose latérale amyotrophique.*

2° Les lésions systématiques secondaires du faisceau pyramidal, scléroses secondaires, ou pour employer une expression plus connue, *dégénérations secondaires*, se produisent de la façon suivante : lorsque le faisceau pyramidal a été atteint et altéré en une région de son trajet médullaire, comme cela se voit *dans la myélite transverse chronique, la compression lente de la moelle* et la *sclérose en plaques*, ce faisceau *se sclérose (dégénère) progressivement de haut en bas, à partir de la région primitivement atteinte.*

Les symptômes caractéristiques de la sclérose des faisceaux pyramidaux sont dans les régions dépendant de la partie altérée.

1° Affaiblissement musculaire graduel ;

2° Etat spasmodique intermittent, puis état de contracture permanente ;

3° Exagération des réflexes.

L'examen des *réflexes* et leurs modifications étant en pathologie médullaire d'une haute valeur diagnostique, nous croyons (d'autant qu'il sera désormais très souvent question de ces phénomènes) devoir leur consacrer ici quelques lignes. Les mouvements réflexes que l'on peut provoquer à l'état normal sont les plus nombreux, mais en clinique on a choisi quelques-uns d'entre eux toujours faciles à produire et dont les modifications bien étudiées ont acquis une haute valeur. Nous examinerons ainsi :

1° Un réflexe cutané ou superficiel : *le réflexe plantaire ;*

2° Un réflexe profond : le réflexe du *tendon rotulien.*

Le réflexe plantaire s'obtient en chatouillant la peau de la plante du pied ; il en résulte une contraction des muscles du pied, ou mieux encore, si le réflexe irradie, comme cela se produit souvent, une contraction des muscles de la cuisse et de la jambe.

Le réflexe du tendon rotulien (phénomène du genou, réflexe patellaire) s'obtient en frappant le tendon, le *genou étant en demi-flexion et le pied au repos.* On voit que dans ces conditions la jambe se projette subitement en avant.

Modification des réflexes. — Les réflexes peuvent être : 1° abolis ; 2° exagérés.

Abolition des réflexes. — *Les lésions spinales qui détruisent les racines postérieures, les faisceaux postéro-externes, les cornes grises antérieures et les racines antérieures, abolissant l'arc réflexe médullaire, abolissent évidemment les réflexes.*

La lésion systématique qui produit surtout ce résultat est l'ataxie locomotrice (sclérose des faisceaux postéro-externes).

Exagération des réflexes. — Elle se produit dans deux cas :

1° Lorsque la moelle est séparée en deux parties, ou pour mieux dire coupée de ses communications avec le cerveau (section traumatique de la moelle, compression totale), car les mouvements réflexes échappent alors au contrôle cérébral, qui peut les atténuer dans une certaine mesure.

2° Lorsqu'il y a sclérose des cordons pyramidaux (sclérose latérale primitive, sclérose latérale amyotrophique, dégénération secondaire).

C'est dans ces cas que l'on voit apparaître un *mouvement réflexe qui manque entièrement dans l'état normal* : le clonus réflexe du pied, phénomène du pied ; *c'est un mouvement rhythmique* du pied, dû à la contraction des muscles du mollet *qu'on obtient en portant brusquement le pied dans la flexion par une pression sur l'extrémité des orteils, la jambe étant dans l'extension incomplète.* Lorsque les réflexes sont dans un état d'exagération très marqué, ce n'est pas seulement la convulsion clonique du pied qu'on obtient par cette manœuvre, mais encore celle de la jambe, du membre inférieur tout entier ; parfois même la convulsion passe au membre du côté opposé et peut se généraliser à tout le corps ; c'est alors l'*épilepsie spinale, la trépidation épileptoïde.* Pour faire cesser le mouvement, il suffit d'étendre le pied qu'on avait fléchi.

SCLÉROSE LATÉRALE PRIMITIVE. — TABES DORSAL SPASMODIQUE

Erb, sans preuves anatomiques suffisantes, a décrit, sous le nom de *tabes dorsal spasmodique*, un ensemble clinique dont il attribue la genèse à la *sclérose primitive des cordons antéro-latéraux.*

On peut attribuer trois périodes au tabes dorsal spasmodique :

1° Le premier symptôme est une *faiblesse des membres inférieurs* à laquelle ne tarde pas à s'ajouter une tendance *aux spasmes :* au lit, subitement ou à l'occasion du moindre effort, les membres *se raidissent dans l'extension* et *l'adduction* et sont pris de trépidation spontanée. La rigidité et la contracture augmentent quand le malade se tient debout. Il y a exagération du réflexe patellaire et trépidation épileptoïde lorsqu'on fléchit brusquement le pied comme nous l'avons indiqué plus haut.

2° Au bout de quelque temps, la contracture qui n'apparaissait que par accès devient permanente : les membres inférieurs *rigides, étendus*, sont *serrés l'un contre l'autre.* La marche est difficile et des plus caractéristiques : *Le malade, appuyé sur des béquilles, détache avec peine le pied du sol et le porte, la pointe basse et frottant à terre, le talon élevé, à une courte distance de l'autre.* Le pied, quand il est porté en avant, est pris d'une trémulation qui peut s'étendre à tout le corps.

Dans la troisième période, le malade est confiné au lit par l'excès de la contracture, et meurt d'une maladie intercurrente quelconque. La maladie peut s'étendre aux masses sacro-lombaires et aux membres supérieurs. *Durant toutes ces périodes, le malade ne présente aucun trouble de la sensibilité.*

Diagnostic. — Voyez *dégénérations secondaires.*

SCLÉROSE LATÉRALE AMYOTROPHIQUE

Elle est caractérisée par l'association de la sclérose primitive des cordons latéraux (faisceaux pyramidaux) avec l'altération atrophique des cellules motrices des cornes grises antérieures.

Anatomie pathologique. — 1° *Sclérose des faisceaux pyramidaux.* — Elle existe aux régions lombaire, dorsale, cervicale de la moelle, se prolonge dans les pyramides antérieures du bulbe, et même dans la partie inférieure de la protubérance.

2° *Atrophie des cellules motrices.* — Très marquée à la région cervicale, cette atrophie, très nette encore à la région dorsale, disparaît à la région lombaire.

Les cellules des noyaux d'origine des nerfs moteurs bulbaires (12e, 11e et 7e paires) *sont également atrophiées et progressivement détruites.*

Les racines antérieures sont grêles, atrophiées.

Les muscles présentent les lésions de l'atrophie simple. C'est la sclérose latérale qui est *la première en date;* l'altération des cornes grises antérieures ne vient qu'en second lieu.

Symptômes. — *Première période.* — Affaiblissement des membres supérieurs tout d'abord, puis émaciation de ces membres. L'atrophie musculaire et la parésie frappent le membre en masse. Bientôt, des crises de convulsions toniques raidissent ces membres de temps à autre, et finissent par leur imposer une attitude fixe assez caractéristique : *les doigts sont fléchis dans la main; l'avant-bras est demi-fléchi sur le bras ; celui-ci est collé au corps.* Bientôt, lorsque l'atrophie musculaire arrive au comble, la rigidité spasmodique cesse, mais l'attitude reste la même. Le début est en général unilatéral, mais l'autre côté se prend vite.

Deuxième période. — Deux à neuf mois après le début, les membres inférieurs se prennent, ils faiblissent, mais l'*atrophie ne s'y montre jamais.* Bientôt ils deviennent le siège de contractures se montrant sous forme d'accès qui finissent par s'établir à l'état permanent : le tableau est exactement celui que nous avons tracé du tabes dorsal spasmodique.

Troisième période. — Les symptômes bulbaires ou

de paralysie labio-glosso-laryngée se montrent enfin, et le malade meurt emporté par sa paralysie bulbaire.

L'évolution est rapide : de un à trois ans du début, la mort survient. Les différences que présente la sclérose latérale amyotrophique avec l'atrophie musculaire, maladie avec laquelle on l'a si longtemps confondue, sont les suivantes :

1° L'élément paralytique est ici très accusé;

2° Il y a tout un ensemble de phénomènes de spasme et de rigidité qui n'existent pas dans l'atrophie musculaire progressive.

3° La sclérose latérale amyotrophique n'est pas exempte de douleurs plus ou moins vives qui ne se montrent jamais au contraire dans l'atrophie musculaire progressive.

LÉSIONS SECONDAIRES DU FAISCEAU PYRAMIDAL. — DÉGÉNÉRATIONS SECONDAIRES. — PARAPLÉGIE SPASMODIQUE.

Voici comment les choses se passent : un *foyer de myélite transverse* siège à la *région dorsale* de la moelle. Les *faisceaux pyramidaux* étant atteints à la région dorsale au même titre que les autres systèmes médullaires, il s'ensuit *une dégénération (sclérose) secondaire de ces faisceaux dans le reste de leur trajet*, c'est-à-dire de ce point à la partie inférieure de la moelle.

Cliniquement on constate *une paraplégie* des membres inférieurs plus ou moins marquée suivant le degré de destruction des fibres du faisceau pyramidal, puis bientôt avec la sclérose descendante se montrent les phénomènes spasmodiques dans les membres inférieurs : rigidité musculaire d'abord intermittente, raidissant ces membres pour quelques instants, puis permanente, et exagération des réflexes plantaires et rotuliens, avec apparition du clonus réflexe du pied et de l'épilepsie spinale.

On voit combien ce tableau est semblable à celui de la sclérose latérale primitive, pour peu que la paraplégie initiale ne soit pas portée trop loin : on a désigné tous ces faits sous le nom de *paraplégie spasmodique*. Mais les paraplégies spasmodiques présentent le plus souvent quelques symptômes qui les distinguent du tabes dorsal spasmodique, et ces symptômes sont dus à la concomitance d'autres lésions médullaires ainsi que nous le verrons au chapitre de la myélite transverse.

Tout au contraire lorsque la sclérose en plaques débute dans les faisceaux pyramidaux de la moelle et s'y cantonne pour un temps, le tableau est trait pour trait celui du Tabes dorsal spasmodique, et la confusion est à ce point inévitable que la plupart des cas qu'on croyait pouvoir attribuer sur le vivant à la sclérose latérale primitive se sont trouvés à l'autopsie être des cas de sclérose en plaques fruste. Il arrive encore que chez les hystériques il se développe dans les membres inférieurs un état de rigidité spasmodique qui reproduit entièrement le tableau du Tabes dorsal spasmodique. — On a, dans ce cas, pour se guider les commémoratifs et la concomitance d'autres symptômes tels qu'hémianesthésie, etc. Ajoutons que cette paraplégie spasmodique des hystériques peut disparaître brusquement sous l'influence d'une émotion.

Lésions des cordons postérieurs.

Ataxie locomotrice progressive. — Tabes dorsal.

Etiologie. — On n'a pas encore de données étiologiques bien certaines sur l'ataxie locomotrice. *La syphilis* en est certainement une cause active. La coïncidence fréquente de l'ataxie avec l'athérôme aortique a fait admettre qu'elle faisait partie de cette maladie générale qui se traduit par une altération artérielle et des scléroses viscérales diverses : *l'artério-sclérose.*

Anatomie pathologique. — La lésion capitale est la sclérose des *faisceaux postéro-externes* de la moelle ou faisceaux de Burdach ; les cordons de Gall (faisceaux postéro-internes) sont souvent atteints, mais leur lésion n'est qu'accessoire et n'entre pour rien dans la symptomatologie de l'ataxie.

En même temps on remarque de *la méningite spinale postérieure* qui est constante.

La sclérose des nerfs et des bandelettes optiques est également commune.

Symptômes. — On divise le cours de l'ataxie locomotrice en trois périodes :

Première période. — Période prodromique ou mieux *période préataxique.*

Elle est marquée par :

A. Des symptômes céphaliques ;

B. Des douleurs fulgurantes.

A. Les symptômes céphaliques portent sur :

(a) *Les nerfs moteurs oculaires* qui sont atteints de *paralysies passagères,* rarement permanentes (strabisme, diplopie).

(b) *Les nerfs optiques.* — C'est une amaurose envahissant un œil, puis l'autre jusqu'à cécité absolue : *souvent cette amaurose est et de bien loin le premier symptôme du tabes.* A l'ophtalmoscope cette amaurose présente des caractères pathognomoniques : *la papille a conservé sa forme mais elle a perdu sa transparence elle réfléchit la lumière, elle est d'un blanc nacré.* Cette altération ne se retrouve dans aucune autre affection.

B. Les douleurs fulgurantes présentent trois variétés bien distinctes :

1° Elles se limitent à un point, et produisent l'effet d'une brûlure, d'un poignard retourné dans les chairs : ce sont *les douleurs térébrantes*.

2° *Douleurs lancinantes, fulgurantes vraies : elles passent en éclair le long d'un trajet nerveux*, membre inférieur généralement.

3° Elles sont constrictives, étreignent le *thorax*, le bras, la jambe comme dans un étau : *douleurs en ceinture*. Toutes ces douleurs qui siègent d'abord aux membres inférieurs et au tronc, puis plus tard aux membres supérieurs ont une durée passagère : elles se montrent sous forme *d'accès* durant de quatre à cinq jours et composés d'une série de fulgurations.

Des douleurs viscérales se montrent en même temps que les douleurs fulgurantes : ce sont des douleurs viscérales rectales, uréthrales, et *surtout des crises de gastralgie* (*crises gastriques*) *formidables*.

Deuxième période. — Période ataxique. — La première période peut avoir une très longue durée, parfois même elle reste seule : la deuxième période ne se montrera jamais.

Deux phénomènes capitaux caractérisent cette seconde période :

A. L'incoordination motrice ;

B. Les troubles de la sensibilité.

A. L'incoordination motrice frappe d'abord les membres inférieurs.

Le malade s'aperçoit qu'il trébuche dans l'obscurité ; un autre a la première notion de son état en valsant : *il s'aperçoit qu'il lui est impossible de tourner, qu'il hésite, et est près de tomber*.

Bientôt la démarche devient caractéristique ; le malade tient les yeux fixés sur ses jambes et chaque pied, quand il *quitte le sol, est projeté* vivement *en avant et de côté*, et retombe *sur le sol en frappant du talon.*

Romberg a indiqué un signe qui met parfaitement en évidence l'action de la vue sur la démarche du malade. Si on commande à un ataxique de se tenir debout les pieds exactement joints, il peut y réussir encore, mais vient-on à lui fermer subitement les yeux, il trébuche et tombe.

Bientôt la démarche devient de plus en plus folle ; le malade jetant ses pieds de côté et d'autre, dans le plus grand désordre, tombe à chaque instant et il est obligé de renoncer à ses tentatives, il se confine alors au lit ; ses membres inférieurs sont impuissants, il est vrai, à le faire marcher, mais *c'est un faux paraplégique car la force musculaire est énorme dans ce membre qui ne peut plus coordonner ses mouvements.*

On s'assure de l'intégrité de cette force musculaire en commandant au malade de résister aux tentatives de flexion ou d'extension de sa jambe sur la cuisse et on se rend compte ainsi du degré considérable de force qu'il a conservé.

Au lit l'incoordination des mouvements des membres inférieurs se démontre par les manœuvres suivantes :

1° Ses yeux restant ouverts, on commande au malade d'atteindre du bout du pied un objet qu'on lui désigne et qu'on met à portée ; il n'y arrive qu'après les oscillations les plus déréglées en tout sens.

2° Les yeux étant fermés, on lui commande de mettre par exemple son talon droit sur son pied gauche ; le mouvement est également des plus incoordonnés.

B. Troubles de la sensibilité :

Un des premiers en date est l'anesthésie plantaire : il semble au malade qu'il marche sur de l'ouate ; il ne sent plus le parquet.

Bientôt on remarque çà et là des plaques d'anesthésie sur la surface cutanée.

La sensibilité est affectée de diverses manières : Il y a *retard dans les perceptions;* ailleurs, *erreur de lieu;* enfin il y a surtout *dissociation de l'anesthésie ;* le malade peut sentir le contact, la température, mais n'a plus de perception douloureuse : il est *analgésique.*

A cette période encore on observe des troubles trophiques très importants, et en premier lieu les *arthropathies ataxiques* magistralement décrites par Charcot.

Elles se caractérisent par un début brusque : le gonflement articulaire est extrême, il y a empâtement, hydarthrose, mais *sans fièvre, rougeur, ni douleur.*

Tantôt tout se dissipe; tantôt au contraire l'arthropathie poursuit sa marche et on perçoit des craquements, les surfaces se disjoignent : il se produit des subluxations, mais tout cela sans douleur.

Le siège de prédilection de ces arthropathies est le genou, puis vient l'épaule. Un symptôme très intéressant de cette *période est l'abolition du réflexe rotulien,* qui d'ailleurs appartient également à la période de début *car il est un symptôme précoce de l'ataxie.*

Troisième période. — Période terminale.

Elle est caractérisée par la paralysie vraie, la paraplégie : c'est la consomption médullaire (tabes dorsal).

Le malade meurt dans le marasme ou par tuberculose pulmonaire.

Pronostic. — Il est fatal, à moins que la première période une fois constituée ne se prolonge indéfiniment.

Diagnostic. — L'ataxie locomotrice ne saurait guère être confondue avec aucune affection.

Traitement. — Il est impuissant. Ce qui paraît avoir donné les meilleurs résultats jusqu'à présent, c'est l'application de pointes de feu sur la colonne vertébrale.

LÉSIONS DIFFUSES

Elles peuvent être aiguës ou chroniques. Nous ne nous occupérons pas ici de la myélite diffuse aiguë dont l'éude a été suffisamment faite dans notre Manuel.

MYÉLITE CHRONIQUE DIFFUSE

Etiologie. — Elle est le plus souvent secondaire à :

1° *Une myélite aiguë ;*

2° *Une méningite et une pachyméningite chroniques ;*

C'est là en particulier le mécanisme de la myélite transverse de *la compression médullaire.*

3° *A la syphilis*, à l'intoxication saturnine, et enfin aux altérations des voies urinaires (paraplégie urinaire).

Anatomie pathologique. — La myélite chronique diffuse atteint tous les éléments de la moelle, substance blanche et substance grise, au lieu de se cantonner dans un système comme les myélites systématiques.

Suivant son siège, la myélite chronique est :

1° *Transverse ;* toute la section transversale de la moelle, ordinairement au niveau des régions lombaire et dorsale, est intéressée

2° *Hémilatérale ;* elle n'occupe qu'une moitié de la section transversale de la moelle ;

3° *Périphérique* ou annulaire ; le processus inflammatoire est limité à la surface de la moelle ;

4° *Centrale ;* le processus inflammatoire siège autour du canal central.

Enfin il existe une espèce toute spéciale de myélite chronique caractérisée par des foyers siégeant çà et là comme au hasard dans l'étendue de la substance grise ou de la substance blanche médullaire. Ces foyers ne sont pas bornés à la moelle ; ils s'étendent à tout l'axe cérébro-spinal. Cette affection est la *sclérose en plaques.*

Les myélites diffuses annulaire et centrale sont rares et d'un diagnostic obscur ; nous étudierons seulement :

1° La myélite transverse totale ;

2° La myélite hémilatérale ;

3° La sclérose en plaques.

1° MYÉLITE TRANSVERSE

Le tableau clinique diffère suivant que la myélite transverse siège aux régions dorso-lombaire ou cervicale.

A. *Myélite transverse dorso-lombaire.*

Le symptôme dominant est la *paraplégie.* Il y a d'abord affaiblissement dans la motilité des membres inférieurs. Bientôt le malade est obligé de s'appuyer sur une canne et marche en *fauchant des deux pieds : le pied ne quitte pas le sol ; il glisse sur la pointe et décrit une courbe pour se porter en avant.* — Enfin, il se confine au lit.

La *sensibilité* est rarement abolie dans les membres inférieurs et au tronc, mais elle est atteinte de diverses manières : il y a des *sensations anormales*, engourdissements, fourmillements ; *du retard des perceptions* et des erreurs de lieu : le malade désignant un endroit alors qu'un autre a été touché ; de *l'analgésie* (insensibilité à la douleur) ; des douleurs constrictives, en ceinture ; enfin, de *l'anesthésie plantaire.*

L'atrophie musculaire n'existe que sur un petit groupe de muscles ; ceux dont les cellules trophiques (cellules des cornes grises antérieures) sont comprises dans la lésion, et les paraplégiques, même totalement impuissants, conservent ordinairement de belles masses musculaires.

Les réflexes *sont exagérés dans les membres*

inférieurs quand la lésion siège à la région dorsale ; ils sont abolis quand elle siège à la région lombaire.

Il y a *rétention d'urine* si la lésion est *dorsale*, *incontinence*, si elle siège à la région *lombaire* : il en est pour les matières fécales comme pour l'urine.

Contracture. — Dans les premiers temps, la lésion des cordons latéraux intéressés dans la plaque de myélite se révèle par quelques crampes passagères. Puis, lorsque la dégénération secondaire (sclérose descendante) se produit, on remarque tout un ensemble de phénomènes spasmodiques dont nous avons déjà parlé, crampes, exagération du réflexe rotulien, trépidation épileptoïde, contracture permanente.

A la longue, il se produit une eschare, de la cystite, des complications rénales, et le malade meurt ainsi ou est emporté par une pneumonie ou une maladie intercurrente quelconque.

B. *Myélite transverse cervicale.*

Elle est caractérisée par *la paralysie des membres supérieurs*, soit isolée, soit accompagnée de la paralysie des membres inférieurs, celle-ci étant toujours moins marquée que la paralysie des membres supérieurs.

Les phénomènes d'anesthésie, d'atrophie musculaire, etc., sont les mêmes, mais on observe quelques symptômes spéciaux importants à connaître.

Lorsque le centre cilio-spinal est atteint, il y a *dilatation des pupilles et pâleur de la face* par excitation de ce centre ; puis survient la paralysie, et alors à la mydriase succède le myosis.

On a signalé encore la toux, la dypsnée, la gêne de la déglutition, le hoquet, le ralentissement du pouls avec accès syncopaux.

2° MYÉLITE CHRONIQUE HÉMILATÉRALE

Quand une moitié de la moelle est lésée à la région

dorso-lombaire, il se développe un syndrôme spécial, étudié par Brown-Séquard : c'est *l'hémiparaplégie spinale avec hémianesthésie croisée*.

Du côté de la lésion il y a :

1° Paralysie du membre inférieur et des muscles de la moitié du tronc jusqu'à hauteur de la lésion ;

2° Sensibilité normale dans toute la région paralysée du mouvement ;

3° Zone d'anesthésie peu considérable dans les parties dont les nerfs naissent de la moelle immédiatement au-dessous de la lésion ;

4° Au-dessus de la zone d'anesthésie est une one d'hyperesthésie plus ou moins marquée.

Du côté opposé à la lésion il y a :

1° Intégrité motrice complète ;

2° Anesthésie nettement limitée en haut au niveau de la lésion et s'arrêtant à la ligne médiane.

Si la lésion hémilatérale siège à la région cervicale, la combinaison est la même : *hémiplégie motrice du côté de la lésion* avec anesthésie du côté opposé.

Nous omettons les variétés *périphérique ou annulaire* et *centrale* de la myélite chronique, dont la description est encore trop obscure, mais avant de passer à la description de la sclérose en plaques, nous étudierons un point intéressant de la pathologie médullaire, la *compression lente de la moelle.*

COMPRESSION LENTE DE LA MOELLE

Elle a fait l'objet d'une description magistrale de Charcot dans ses leçons.

Elle entraîne toujours une myélite chronique transverse avec dégénérations secondaires.

Etiologie. — Au milieu de toutes les causes possibles

de compression, il en est deux seulement ayant une importance majeure :

1° Le mal de Pott;

2° Le cancer vertébral.

1° Mal de Pott. — *La courbure n'a aucune influence sur la compression médullaire.*

Le mécanisme est le suivant : *a.* L'abcès caséeux résultant du mal vertébral repousse le ligament vertébral antérieur et vient comprimer immédiatement la moelle (rare);

b. Plus souvent, le ligament vertébral s'ulcère; le pus vient au contact de *la face externe* de la dure-mère qui s'enflamme, prolifère et forme une sorte de champignon caséeux qui comprime la moelle.

2° Cancer vertébral. — Les vertèbres ramollies s'affaissent, et les troncs nerveux sont comprimés directement dans les trous de conjugaison.

Ailleurs, ce sont les matières cancéreuses qui, se faisant jour hors des vertèbres, atteignent et compriment la moelle.

Anatomie pathologique. — Les lésions de la moelle consistent en *une myélite transverse interstitielle,* portant surtout sur la substance blanche et amenant à sa suite les dégénérations secondaires.

Fait important : la lésion des *tubes est réparable* si la cause cesse d'agir, d'où la curabilité de la paraplégie du mal de Pott.

Symptômes. — On peut les diviser en deux groupes :

A. *Symptômes intrinsèques* dûs à la *myélite chronique transverse :* c'est la paralysie avec toutes ses variétés cliniques, suivant le siège de la compression (hémiplégie, hémiparaplégie, paralysie des 4 membres, paraplégie). Nous avons étudié déjà ces symptômes plus haut : on pourra se reporter à leur description.

B. *Symptômes extrinsèques* dus à la compression des racines nerveuses dans les trous de conjugaison.

Ces symptômes sont surtout *des troubles de la sensibilité*. La forme la plus commune et la plus caractéristique est la *névrite douloureuse* ou *pseudo-névralgie*. De vives douleurs siègent sur les trajets nerveux sans qu'il y ait de véritables points douloureux et *s'accompagnent de zona et de troubles trophiques des muscles*.

Dans le mal de Pott dorso-lombaire, on observe ainsi :

Des douleurs en ceinture qui étreignent le tronc du malade comme dans un étau ;

Des névralgies sciatiques et crurales, avec zona et atrophie musculaire.

Dans le cancer vertébral, les douleurs pseudo-névralgiques acquièrent leur maximum d'intensité, car c'est là que la compression médullaire et l'irritation des troncs nerveux à leur passage dans les trous de conjugaison sont le plus marquées ; les douleurs en ceinture sont vives, permanentes, irradiant dans les membres inférieurs, et elles sont dans les paroxysmes portées à un degré d'intensité effroyable : les narcotiques restent sans aucun effet sur elle : c'est cet état que Charcot désigne sous le nom de *paraplégie douloureuse des cancéreux*.

La sensibilité est modifiée d'une façon constante dans la compression lente de la moelle : tantôt, il y a des sensations anormales, telles que fourmillements, engourdissements, élancements : tantôt il y a anesthésie, tantôt hyperesthésie : le plus souvent on observe un signe d'une haute valeur caractéristique : *l'anesthesie douloureuse*, c est-à-dire que les parties *insensibles de toutes les manières* (au toucher, à la douleur, au froid ou à la chaleur), *sont le siège de vives douleurs spontanées*.

3° SCLÉROSE EN PLAQUES. SCLÉROSE CÉRÉBRO-SPINALE

C'est une *inflammation chronique diffuse* des centres nerveux caractérisée par des *plaques de sclérose disséminées en divers points de l'axe cérébro-spinal.*

Anatomie pathologique. — L'affection est caractérisée par des *plaques circonscrites grises,* tranchant nettement sur la substance blanche nerveuse, moins bien sur la substance grise. Ces plaques sont des îlots de sclérose (hyperplasie conjonctive).

Siège des plaques de sclérose. — Rares dans l'écorce cérébrale, elles siègent de préférence dans les parties centrales et les parois ventriculaires.

Elles envahissent aussi le cervelet, le bulbe et la protubérance (pyramides, 4e ventricule), et toutes les régions de la moelle.

Les racines nerveuses antérieures et postérieures émergent souvent d'une plaque de sclérose.

Parmi les nerfs crâniens, ce sont surtout ceux de la 1re, 2e et 5e paires qui sont atteints.

Etiologie. — On ne possède absolument aucune notion sur ce point.

Symptômes. — A. *Tremblement.* — Il est caractéristique : *il se produit à l'occasion des mouvements volontaires : au repos on ne constate rien.* Dans le tremblement de la sclérose en plaques, la direction générale du mouvement est conservée malgré les oscillations.

B. *Troubles de la vision.* — Le principal et le plus frappant est le *nystagmus.*

C. *Embarras de la parole.* — Il offre une *analogie frappante avec celui de la paralysie générale.* C'est le débit des *gens avinés. Les mots sont scandés un à un avec pause entre chaque syllabe, et celles-ci sont articulées nettement.*

Au moment de l'émission vocale il y a tremblement des lèvres.

D. *Vertige.* — Il se produit par accès et entraîne la chute des malades. A côté du vertige, il faut placer *des attaques apoplectiformes* qui, analogues à celles de la paralysie générale, traversent le cours de l'affection, laissant chaque fois l'état aggravé.

E. *Faciès et état mental.* — Le faciès est tout à fait caractéristique : *le regard est vague, incertain, les traits sont hébétés, stupides : toute expression en est bannie ;* la mémoire est affaiblie, les facultés affectives émoussées.

F. *Parésie et phénomènes spasmodiques des membres inférieurs.* — Souvent le symptôme initial est un *état parétique* des membres inférieurs.

Un peu plus tard survient un état spasmodique spécial. Le membre est d'abord secoué par des accès spasmiques, puis les accès se rapprochent, et enfin la contracture permanente s'établit, augmentée encore à l'occasion des mouvements : le membre inférieur est placé dans l'extension, le pied est bot, en varus équin, les genoux, serrés l'un contre l'autre, ne peuvent s'écarter.

On trouve ici le clonus réflexe du pied et la trépidation épileptoïde provoquée ; en somme, le tableau est tout à fait analogue à celui du tabes dorsal spasmodique, car, ainsi que nous l'avons dit, beaucoup de cas de tabes dorsal spasmodique ne sont que des cas de sclérose en plaques, se confinant ou à peu près aux cordons latéraux pour un certain temps.

La *durée* de la sclérose en plaques est très longue : six à dix ans.

Le malade meurt emporté dans une *attaque apoplectiforme* ou succombe à la propagation au bulbe, c'est-à-dire *avec des phénomènes de paralysie labio-glosso-laryngée.*

Traitement. — Nul.

PARALYSIE GÉNÉRALE PROGRESSIVE

La paralysie générale progressive encore appelée méningo-encéphalite interstitielle diffuse est une maladie du système cérébro-spinal tout entier.

Anatomie pathologique. — A l'ouverture du crâne on trouve les *méninges épaissies, soudées entre elles et au cerveau* (symphyse méningée).

Les *circonvolutions* mises à nu par l'enlèvement des méninges qui s'en séparent très difficilement et entraînent avec elles une partie du tissu cortical, les circonvolutions sont excoriées, raboteuses, irrégulières, quelquefois ulcérées.

Baillarger a démontré qu'en grattant la couche corticale avec le dos du scalpel on obtient de petites crêtes blanches.

La surface du 4e ventricule et des ventricules latéraux est hérissée de granulations, produits de la sclérose comme les crêtes de la substance blanche.

On remarque aussi que le cerveau en masse a diminué de volume. En somme, il y a là *une encéphalite interstitielle chronique* conduisant à la destruction des cellules nerveuses et à l'atrophie du cerveau.

Les mêmes lésions de méningite et de sclérose se rencontrent dans la moelle avec prédominance parfois sur les cordons postérieurs.

Les nerfs aussi présentent parfois cette altération.

Etiologie. — *L'hérédité* joue un rôle incontestable, la paralysie générale frappe surtout les adultes et de préférence les hommes.

Les causes morales (fatigues intellectuelles), l'alcoolisme, les excès de toute sorte jouent un rôle étiologique certain.

Symptômes. — La caractéristique clinique de la paralysie générale est l'affaiblissement progressif des facultés intellectuelles et de la motilité.

A. *Motilité.* — L'affaiblissement se montre d'abord dans les mouvements exigeant de la précision alors que les grands mouvements se font encore facilement. Cet affaiblissement va en augmentant jusqu'à ce que le malade, incapable de tous ses membres, soit confiné au lit. On peut facilement suivre le progrès de cet affaiblissement en observant les *troubles progressifs de la parole*, phénomène de la plus haute importance. Il y a d'abord *lenteur, hésitation dans la parole*. Cela ressemble au *débit des gens avinés* : les mots sont détachés et scandés lentement avec hésitation et *tremblement fibrillaire des lèvres et de la langue*. Le trouble augmente peu à peu, et au dernier degré, c'est un bredouillement saccadé absolument inintelligible.

B. *Intelligence.* — Les malades éprouvent d'abord quelques lacunes bizarres dans leurs aptitudes intellectuelles ; puis la mémoire, le jugement, les facultés intellectuelles déclinent et finissent par disparaître : le paralytique général n'a plus que des instincts : *la démence est l'aboutissant final.*

Délire. — C'est le phénomène objectif le plus important : tantôt c'est un délire expansif, tantôt un délire mélancolique.

Le délire expansif est *le délire des grandeurs* qui, avec *les troubles de la parole et l'état des pupilles*, suffit souvent à caractériser la paralysie générale.

Le délire des grandeurs n'est d'abord qu'hyperbolique,

mais *il finit par dépasser toute vraisemblance : il y a un fonds de démence évident : le malade est roi, empereur, a des milliards de millions, etc.*

Le délire mélancolique montre la même exagération démente : *le malade n'a plus de ventre, plus de bouche, plus d'intestins : des mille millions de vers le rongent, etc.*

Enfin, le délire *impulsif* a une grande importance, c'est lui qui, au début de la paralysie générale, entraîne les malheureux aliénés à commettre les actes de vol et de libertinage tout à fait hors de leurs habitudes.

Symptômes accessoires. — *Troubles oculaires.* — L'inégalité des pupilles est un phénomène habituel.

Attaques apoplectiformes et épileptiformes. — Elles se montrent à toutes les phases de la maladie, mettant en danger la vie du malade en aggravant singulièrement sa position.

Marche. — Terminaison. — La marche est essentiellement progressive et le malade aboutit au gâtisme et à la démence. Tantôt il est emporté par une attaque congestive, tantôt il succombe à une maladie intercurrente, tantôt et souvent il meurt asphyxié par un bol alimentaire trop volumineux que son pharynx est incapable de diriger.

Le diagnostic n'offre de difficultés qu'à la première période, alors que les symptômes ne sont qu'ébauchés.

Traitement. — Nul.

MALADIES DU BULBE

L'étude de ces maladies ne figure pas dans notre manuel. Nous donnons ici une étude sommaire de la paralysie bulbaire, affection si curieuse et si importante.

PARALYSIE BULBAIRE. — PARALYSIE LABIO-GLOSSO-LARYNGÉE. — PARALYSIE PROGRESSIVE DE LA LANGUE, DES LÈVRES ET DU VOILE DU PALAIS (Duchenne).

Définition. — C'est une maladie du bulbe qui se traduit cliniquement par l'*envahissement paralytique* des muscles de la langue, du voile du palais, de l'orbiculaire des lèvres, et trouble, à une époque avancée les fonctions du cœur et de la respiration. Les malades succombent soit à l'inanition, soit dans une crise d'étouffement ou dans une syncope.

Symptômes. — *Paralysie de la langue.* — La langue *s'affaisse* peu à peu, *se ride, se fixe sur le plancher de la bouche :* le malade ne peut plus en relever la pointe ni la mouvoir.

La déglutition éprouve de ce fait une première gêne ; la salive s'accumule dans la bouche, y devient visqueuse, coule sans cesse au dehors. *Le malade ne peut plus prononcer les linguales.*

Paralysie du voile du palais. — La voix est nasonnée, les aliments sont rejetés par les fosses nasales. Les symptômes sont ceux de la paralysie du voile du palais, étudiés déjà à propos de la paralysie diphtérique.

Paralysie de l'orbiculaire des lèvres. — La face prend un aspect pleurard *tout spécial*, car les sillons naso-labiaux se creusent et le diamètre transversal de la bouche s'agrandit.

Il devient impossible au malade de souffler, froncer les sourcils et siffler. L'émission des labiales est abolie.

Chacune de ces trois paralysies altère la parole pour son compte ; lors donc qu'elles sont toutes trois réunies, il est impossible au malade de faire entendre autre chose qu'un grognement inintelligible.

A un degré plus avancé encore, *les muscles ptérygoïdiens* se prennent ainsi que les muscles du larynx.

Enfin apparaissent *les troubles de la respiration :* ce sont des crises d'étouffement avec cyanose et tendance à la syncope.

Les accidents cardiaques se traduisent par la défaillance du pouls, les lypothymies et la syncope souvent mortelle.

Marche. — Durée. — Terminaison. — Les symptômes se présentent dans l'ordre où nous les avons étudiés : la durée de la maladie est de quelques mois à deux ou trois ans.

La mort est le terme fatal : elle survient soit par *l'impossibilité croissante de l'alimentation*, soit par le *poumon*, soit par le *cœur*.

Anatomie pathologique. — La paralysie labio-glosso-laryngée répond à l'altération des cellules d'origine sur le plancher du 4e ventricule des nerfs hypoglosse, facial, spinal, trijumeau (partie motrice) et pneumogastrique.

Etiologie. — Tantôt la paralysie bulbaire est primitive et on ignore absolument ce qui peut la causer, tantôt elle est *secondaire* et alors vient terminer :

1° L'atrophie musculaire progressive ;
2° La sclérose en plaques ;
3° La sclérose latérale amyotrophique.

ARTICLE IV

MALADIES DU SYSTÈME NERVEUX TROPHIQUE

Nous faisons rentrer dans la description des maladies

de la moelle les deux affections (atrophie musculaire progressive et paralysie pseudo-hypertrophique) décrites à tort à cette place.

ARTICLE V

MALADIES DES NERFS PÉRIPHÉRIQUES

Nous n'avons point de modification à apporter quant à présent à cet article.

ARTICLE VI

NÉVROSES CÉRÉBRO-SPINALES

Nous donnons une description entièrement nouvelle de l'hystérie que les travaux de l'Ecole de la Salpêtrière ont entièrement remaniée dans ces derniers temps.

HYSTÉRIE

L'étude symptomatique de l'hystérie a été tellement renouvelée dans ces derniers temps que, sans insister ici sur les notions étiologiques ou thérapeutiques, nous croyons devoir consacrer quelques développements à l'histoire clinique de cette affection.

Attaque convulsive hystérique. — Elle est très variable dans son expression, et l'on doit distinguer :

1° La petite attaque ;

2° La grande attaque ou attaque hystéro-épileptique ;

3° Les attaques frustes ou modifiées.

Petite attaque. — Elle est précédée d'une *aura* à point de départ variable.

L'aura complète part de la région ovarienne (gauche

ou droite), gagne le creux épigastrique puis, *sous forme de boule*, monte au larynx. Le globe hystérique s'arrête là quelques instants, produisant une sensation d'étouffement, d'étranglement, enfin, l'aura gagne la tête : la malade entend des sifflements, a de l'obnubilation de la vue, ressent comme un coup de marteau sur la tête : à ce moment, elle tombe et perd connaissance.

Telle est l'*aura* complète : mais souvent elle part de la région épigastrique et s'arrête au larynx ; parfois elle est purement céphalique.

La malade tombe en état de *perte de connaissance, soit réelle, soit apparente ; elle étouffe ;* la face est vultueuse, injectée, mais *a gardé son expression normale*. Au bout de quelques instants commencent des *convulsions cloniques qui déplacent les membres en tout sens, en leur faisant exécuter de grands mouvements qui, au contraire des mouvements épileptiques, rappellent des mouvements physiologiques*.

Lorsque la scène a duré quelques moments, tout rentre dans l'ordre pour recommencer souvent presqu'aussitôt. Ailleurs, l'attaque hystérique *se termine par une période d'hallucination :* la malade exprime par sa mimique, par quelques mots entrecoupés, soit *la peur*, soit *la volupté*, etc. Enfin, tout finit par un *accès de sanglots* ou *de rire fou*.

Grande attaque hystérique. — *Attaque hystéro-épileptique.* — Il est des hystériques qui sont en même temps des épileptiques et ont à ce titre tantôt une *crise épileptique vraie*, tantôt une *crise hystérique ;* mais, chez certaines hystériques, *exemptes de tout symptôme comitial*, l'attaque se modifie *par adjonction de symptômes épileptiformes :* c'est ce qu'on appelle la grande attaque hystérique, *l'attaque hystéro-épileptique :* cette forme ne se rencontre en général que chez des hystériques possédant au plus haut degré l'ensemble des symptômes de l'affection, *en un mot chez les grandes hystériques.*

La grande attaque s'annonce presque toujours par des prodrômes : l'hystérique sent très bien sa crise approcher. Tantôt elle devient *taciturne*, *mélancolique*, tantôt elle est en proie à *l'excitation* ; elle a des malaises, des vomissements, de l'inappétence, etc., puis l'aura apparaît, *montant de l'ovaire au cerveau*, et l'hystérique tombe en poussant un cri guttural, qui n'a rien du *cri épileptique.*

L'attaque se divise en quatre périodes :

1re *période (épileptoïde).* — Elle comprend une *phase tonique* dans laquelle une immobilité tétanique s'empare de tout le corps ;

Une phase clonique, où la face grimace, où les membres sont agités de petites oscillations brèves et rapides ;

Enfin *une phase terminale* de résolution musculaire et de respiration stertoreuse.

Après quelques secondes de calme apparaît la 2e *période (des contorsions et des grands mouvements).*

Cette période se caractérise :

a). Par des contorsions : le corps prend des attitudes bizarres, étranges, dont l'une des plus communes est *l'arc de cercle ;*

b). Ou par de grands mouvements oscillatoires, rapides et étendus, de tout le tronc ou des membres seulement : un des plus fréquents est le suivant (Charcot) : la malade se redresse sur son séant, sa tête s'incline jusqu'à toucher les genoux, puis elle retombe brusquement sur son oreiller, et ainsi de suite.

3e période. — *C'est la période des attitudes passionnelles.* La malade, par une mimique expressive, par des mots entrecoupés, rend une scène tantôt gaie, tantôt triste, dont elle est l'héroïne.

4e période. — *C'est la période terminale.* La malade revient à la connaissance, mais garde plus ou moins longtemps un délire d'hallucinations tristes.

La grande attaque dure un quart d'heure environ, mais souvent la malade entre en état de mal : les attaques se succèdent les unes aux autres sans intervalles pendant 24 heures et plus : mais, phénomène absolument caractéristique : *la température ne s'élève pas chez l'hystérique en état de mal, alors que chez l'épileptique en état de mal, elle atteint les plus hautes limites.*

L'attaque hystéro-épileptique est soumise à deux lois :

1° Elle naît sous l'excitation d'une des zones hystérogènes ;

2° Elle s'arrête par compression de l'ovaire d'où part l'aura, ou par friction des zones hystérogènes.

Zones hystérogènes. — On désigne sous ce nom des régions circonscrites dont la compression fait naître l'attaque hystéro-épileptique. Les plus communes de ces zones sont :

1° La ligne médiane de la tête, du front au synciput ;

2° Les zones sous-mammaires ;

3° Les apophyses épineuses de quelques vertèbres cervicales ou dorsales ;

4° Les ovaires.

Compression de l'ovaire. — C'est le moyen le plus efficace d'arrêter l'attaque.

Variétés de l'attaque hystérique. — L'attaque de grande hystérie peut être modifiée dans son expression :

1° Par prédominance d'une des périodes ;

2° Par immixtion de phénomènes cataleptiques ou somnambuliques.

Dans le premier cas, si l'attaque se borne à la première période, *c'est une attaque épileptoïde ;* si la deuxième période prédomine, c'est *l'attaque démoniaque*

(Charcot) ; si la troisième période prédomine, c'est *l'attaque extatique ;* enfin, tout peut se borner *au délire* de la quatrième période.

Dans le deuxième cas, on a l'attaque de catalepsie, de somnambulisme.

Enfin, il est des hystériques qui présentent des attaques de *sommeil*, de *coma*, de *léthargie* se prolongeant parfois des temps fort longs.

Les symptômes de l'hystérie en dehors de l'attaque sont des plus nombreux ; il est difficile de les classer, nous les rangerons sous deux catégories :

1° Symptômes moteurs ;

2° Symptômes sensitifs.

Symptômes moteurs. — *Appareil digestif.* — Les principaux sont : des *vomissements*, soit passagers, soit tenaces, soit même *incoercibles ;* et des *borborygmes.*

Appareil respiratoire. — Il est fréquemment le siège de courtes convulsions, se traduisant par des symptômes singuliers, tels *qu'aboiements, hurlements*, et surtout *hoquet, accès de rire ou de sanglots.*

Toux hystérique. — Cette toux, à *son aigu*, fatigante et pénible pour la malade, tantôt est continue, tantôt se montre sous forme d'accès, durant une à plusieurs heures : en tout cas, elle *cesse la nuit.* Le diagnostic se pose quelquefois avec la phthisie commençante, mais l'auscultation est ici absolument négative.

Système musculaire. — Chorée. — Ce n'est pas la chorée vulgaire, mais de grands mouvements rhythmiques, tels que mouvement de salut, etc. : c'est ce qu'on appelle la *chorée rythmique hystérique*, qui peut durer de quelques jours à des années.

Contractures. — C'est un symptôme de la plus haute importance qui n'appartient qu'à l'hystérie nettement confirmée. Tantôt, la contracture affecte *le type hémiplégique :* au membre supérieur, *l'avant-bras est le plus souvent en flexion, le bras collé au corps ;* le membre inférieur est *dans l'extension avec pied bot varus équin* (pied bot hystérique). Tantôt elle affecte le *type paraplégique* ave extension et adduction portées à l'extrême.

Parfois, les quatre membres sont pris.

Plus souvent il y a des contractures circonscrites *naissant spontanément ou sous l'influence d'un traumatisme léger :* les plus fréquentes de ces contractures isolées sont le *torticolis, le pied bot varus équin* et la contracture de *l'orbiculaire.*

Un type de contractures hystériques intéressant et fréquent est la contracture périarticulaire où les *douleurs, l'immobilité articulaire* et les *contractures musculaires* font songer à une tumeur blanche : la plus fréquente est la *coxalgie hystérique.* Le chloroforme, en faisant disparaître la contracture pendant le sommeil, lèverait tous les doutes.

Toutes les contractures hystériques surviennent sans raison apparente, durent un temps parfois fort long, des mois et des années et disparaissent subitement.

Paralysies. — Les paralysies hystériques entraînent rarement la perte absolue du mouvement : *il y a plutôt parésie. L'anesthésie* est le plus souvent associée à la paralysie. Tantôt, il y a *monoplégie, paraplégie,* plus souvent *hémiplégie.*

Au groupe de paralysies appartiennent l'*aphonie*, la *rétention d'urine*, le *tympanisme.*

Comme les contractures, les paralysies, après une durée souvent très longue, disparaissent subitement.

Symptômes sensitifs. — Dans l'hystérie, tantôt la sensibilité générale ou spéciale est accrue, tantôt et plus souvent elle est diminuée.

Hyperesthésie. — L'hyperesthésie *cutanée* est rare ; parfois elle se montre *étendue à toute la surface cutanée.*

La *rachialgie* fréquente est parfois intense.

La *céphalalgie* tantôt se montre sous forme hémicrânienne, tantôt occupe un point fixe : c'est *le clou hystérique.*

Ovarie. — C'est un des symptômes les plus importants de l'hystérie. Il consiste en *une douleur iliaque siégeant dans le flanc à l'intersection d'une ligne horizontale, partant de l'épine antéro-supérieure, et d'une ligne verticale, partant de l'épigastre.*

Briquet en place le siège *dans les muscles de la paroi,* Charcot, dans l'*ovaire même.*

L'ovarie est le plus souvent unilatérale et *coïncide alors, dans la majorité des cas, avec une anesthésie siégeant du même côté.* C'est *de l'ovaire douloureux* que part l'*aura,* et c'est *lui qu'il faut comprimer pour arrêter l'attaque.*

Anesthésie. — C'est un symptôme majeur de l'hystérie. La sensibilité peut être atteinte dans tous ses modes, et la sensibilité spéciale peut être modifiée comme la sensibilité générale.

L'anesthésie cutanée se montre, soit sous sous forme *disséminée* (anesthésie en plaques), soit sous forme *hémiplégique.* Cette dernière forme est la plus fréquente, et à l'hémianesthésie cutanée s'ajoute alors *l'hémianesthésie du goût,* de *l'odorat,* de *l'ouïe* et de *la vue* : l'*ovarie siégeant de ce côté complète une association fréquente et caractéristique.*

Troubles visuels. — Du côté anesthésié il y a diminution de l'acuité visuelle et *rétrécissement concentrique* du champ visuel. Le *champ des couleurs diminue, et certaines couleurs deviennent invisibles pour l'hystérique :* le *violet* disparaît le premier, puis le *vert;* le bleu disparaît en dernier, et alors tous les objets sont vus sous une teinte sépia uniforme.

Troubles de la sécrétion urinaire. — Il y a souvent *polyurie*, quelquefois aussi *ischurie* ou *oligurie* se prolongeant très longtemps, sans compromettre la santé.

Hypnotisme chez les hystériques. — Sans vouloir entrer dans de grands détails à ce sujet, nous croyons utile de dire quelques mots de ces curieux et intéressants phénomènes.

On doit à *James Braid*, de *Manchester*, les premières expériences sur la catalepsie provoquée.

Charcot, ces dernières années, a repris la question d'une façon plus large, et dégagé nettement *le mode de production*, de *succession* et les *caractères des différents états qui composent l'hypnotisme provoqué.*

Ces états sont au nombre de trois :

1° Catalepsie.

2° Léthargie.

3° Somnambulisme.

Catalepsie. — Fait-on fixer à une hystérique la lumière d'une lampe Bourbouze ou Drummond, elle tombe en catalepsie (état de suspension des manifestations intellectuelles et volontaires, caractérisé par la propriété *qu'ont les membres de garder la position qu'on leur donne*, se laissant façonner *comme de la cire molle).*

Léthargie. — Vient-on à *éteindre brusquement* ou à supprimer *la lumière* ou à *fermer les yeux* de la malade en catalepsie, elle passe à *l'état léthargique.* C'est un état de perte de connaissance avec résolution musculaire et anesthésie complètes, et dont la *caractéristique est l'hyperexcitabilité neuro-musculaire*, c'est-à-dire que *si on excite un muscle ou un tra-*

jet nerveux, on fait entrer en contraction le muscle ou le groupe musculaire commandé par le filet nerveux excité. Cette contraction survit à l'excitation, devient permanente et ne cesse qu'au réveil. Le réveil s'obtient en soufflant brusquement au visage de la malade. Si, au lieu de réveiller la malade, on l'excite fortement, on la fait passer à l'état de :

Somnambulisme vrai. — Au commandement, la malade se lève, se dirige, agit, etc.

On peut faire commencer l'hypnotisme par la léthargie : on endort la malade en lui faisant fixer un objet maintenu entre les deux yeux, ou en pressant avec les doigts ses globes oculaires, les paupières étant fermées. On passe de l'état léthargique à la catalepsie en ouvrant les yeux de la malade.

Nous bornerons ici tous les changements apportés à l'édition actuelle. Sans doute nous ne saurions croire que tous les articles suivants sont à l'abri de la critique, mais ils nous paraissent encore à peu près remplir le but proposé, c'est-à-dire qu'ils donnent aux commençants une idée suffisamment exacte des affections qui y sont décrites.

HAVRE. — IMPRIMERIE DU COMMERCE, 3, RUE DE LA BOURSE.

A LA MÊME LIBRAIRIE

MOYNAC. — **Manuel de pathologie et de clinique chirurgicales**, 4e édition. 1 vol. in-18, prix . . . 16 fr.

MOYNAC. — **Manuel de pathologie générale et de diagnostic**, 3e édition. 1 vol. in-18 de 760 pages avec 61 figures intercalées dans le texte, prix . . . 8 fr.

MOYNAC. — **Manuel d'anatomie descriptive**, 2 vol. in-18, avec 457 gravures sur bois, intercalées dans le texte, prix. . . . . 18 fr.

HEGAR et KALTENBACH, professeurs de gynécologie à l'Université de Fribourg. — **Traité de gynécologie opératoire**, avec l'exposé des procédés d'exploration en gynécologie, traduit sur la 2e édition allemande par le Dr Paul BAR, accoucheur des hôpitaux de Paris. 1 vol. in-8°, avec 230 figures sur bois intercalées dans le texte. Préface par le professeur TARNIER, prix . . . 16 fr.

LUTAUD. — **Manuel de médecine légale**. 1 vol. in-18, avec gravures intercalées dans le texte, 3e édition, prix . . . . 8 fr. 50

GAILLARD-THOMAS. — **Traité des maladies des femmes**. 1 vol. in-8, avec gravures sur bois intercalées dans le texte. Ouvrage traduit de l'anglais, sur la 5e édition, par le Dr LUTAUD, prix. . . . . 16 fr.

GUÉRIN (A.), chirurgien de l'Hôtel-Dieu. — **Éléments de chirurgie opératoire**, 6e édition. 1 vol. in-18 jésus, prix . . . . 7 fr. 50

RICHET, professeur à la Faculté de médecine de Paris. — **Traité pratique d'anatomie médico-chirurgicale**, 5e édition. 1 vol. in-8, orné de 4 planches sur acier et de grav. sur bois intercal. dans le texte, p., br. 19 fr.

THOMPSON LUSK. — **Traité élémentaire de l'art des accouchements**. 1 vol. in-8°, avec gravures sur bois intercalées dans le texte. Ouvrage traduit de l'américain, sur la dernière édition, par le Dr DOLÉRIS, chef de la Clinique d'accouchement. Préface par le professeur Pajot. Prix. . . . . 16 fr.

HAVRE. — IMPRIMERIE DU COMMERCE, 3, RUE DE LA BOURSE

www.ingramcontent.com/pod-product-compliance
Ingram Content Group UK Ltd.
Pitfield, Milton Keynes, MK11 3LW, UK
UKHW021537260726
13993UKWH00002B/545

9 782019 982805